VIDA de SANTA EDWIGES

Pe. IVO MONTANHESE, C.Ss.R.

VIDA de SANTA EDWIGES

EDITORA
SANTUÁRIO

Direção geral | Pe. Luís Rodrigues Batista, C.Ss.R.

Direção editorial | Pe. Flávio Cavalca de Castro, C.Ss.R.
Pe. Carlos Eduardo Catalfo, C.Ss.R.

Coordenação editorial | Elizabeth dos Santos Reis

Coordenação de revisão | Maria Isabel Araújo

Revisão | Waldirene Machado

Coordenação de diagramação | Marcelo Antonio Sanna

Diagramação | Sebastião A. de Almeida Filho

Capa | Marco A. Santos Reis

**Dados Internacionais de Catalogação na Publicação (CIP)
(Câmara Brasileira do Livro, SP, Brasil)**

Montanhese, Ivo, 1924 –
Vida de Santa Edwiges/ Ivo Montanhese. – Aparecida, SP: Editora Santuário, 1989.

1. Edwiges / Santa 2. Santas Cristãs – Biografia I. Título.

89-1615   CDD – 922.22

Índices para catalogação sistemático:
1. Santas: Igreja Católica: Biografia 922.22

27ª impressão

Todos os direitos reservados à **EDITORA SANTUÁRIO** – 2021

Rua Pe. Claro Monteiro, 342 – 12570-000 – Aparecida-SP
Tel.: 12 3104-2000 – Televendas: 0800 0 16 00 04
www.editorasantuario.com.br
vendas@editorasantuario.com.br

| Apresentando

Uma vida de Santa Edwiges? Uma santa que viveu há tantos séculos?

Penso que não importa quando viveu, mas sim a mensagem que nos deixou que é e será sempre atual. Ela viveu com todas as suas forças a vocação cristã. A graça de Deus não foi em vão para ela, mas produziu seus copiosos frutos. Fiel a seu batismo, viveu plenamente as quatro dimensões da graça santificante: amou o mundo, a si mesma, ao próximo e a Deus. O amor a Deus e ao próximo foi uma característica que marcou sua vida. A caridade estava entranhada em seu coração. Foi uma mulher desprendida e sem egoísmo. Viveu mais para os outros do que para si mesma. Mulher de muita fé, muita esperança e muita caridade. E porque amou muito, passou por este mundo fazendo o bem a todos, sobretudo aos pobres, aos enfermos, aos prisioneiros e aos que se encontravam em dificuldades.

São Paulo, em sua primeira carta aos Coríntios, no capítulo XIII, canta a balada da Caridade e termina dizendo que um dia a fé e a esperança desaparecerão e só restará a caridade. Essa mesma caridade que Edwiges teve aqui nesta terra continuará tendo na eternidade, fazendo o bem com sua intercessão junto de Deus.

Não nos fixemos tanto em seus "milagres", mas vejamos nela a filha, a mocinha, a esposa, a mãe e a viúva. Vejamos nela a mulher que soube amar a Deus e ao próximo como a si mesma. Os fatos aqui narrados foram baseados nos "Acta Sanctorum" (Atas dos Santos) da Coleção dos Bolandistas, que é uma coleção com muitos e grossos volumes nos quais foram recolhidos, ordenados e comentados com muitas observações os escritos em latim e grego de diversos autores sobre a vida dos santos.

Nos dias atuais Santa Edwiges poderá nos dar uma mensagem. Em qualquer estado de vida pode-se ser santo. Basta um grande amor a Deus e ao próximo.

| Prefaciando...

– Qual é o primeiro de todos os mandamentos?

– Que devo fazer para ganhar a vida eterna?

– De que vale ao homem conquistar o mundo inteiro, se vier a perder a própria alma?

São perguntas formuladas há quase dois mil anos, mas sempre atuais e questionadoras para quem se professa seguidor do Cristo.

Em toda a história do cristianismo, houve as mais variadas respostas teóricas a tais questões; mas respostas concretas têm sido a vida dos santos.

Santa Edwiges foi uma resposta viva a essa pergunta evangélica, segundo o binário sintético aprovado por Cristo: amor a Deus e amor ao próximo.

A biografia que o Pe. Ivo Montanhese nos apresenta hoje descreve em detalhes esta encarnação dos ideais cristãos. Uma jovem rica que soube dar o primado aos valores espirituais e utilizar os bens deste mundo para enriquecer os necessitados, lucrando, assim, tesouros no céu.

Os capítulos deste livro são interessantes por si mesmos. Apreciamo-los como num romance. Mais importante, porém, é o valor profundo da figura histórica apresentada e o símbolo de fraternidade que ela representa hoje num mundo e num país, o nosso, em que o egoísmo impera quase com direito de soberania.

Que saibamos seguir esse exemplo, traduzindo em nossos dias o modelo de perfeição que o Cristo ofereceu com validade para todos os tempos.

São Paulo, 16 de agosto de 1989.

Pe. Álvaro de Oliveira, O.S.J.
Reitor do Santuário de S. Edwiges

1 | Nasce uma duquesa

Na Europa Central há uma região chamada Silésia. Fica encravada entre a República Checa, Alemanha e Polônia. É uma região muito fértil. Suas terras produzem trigo, centeio, cevada, batata e beterraba. Esta última é matéria-prima para a fabricação de açúcar. O subsolo é rico em minerais.

Durante séculos foi parte integrante da Polônia. Depois, dividida em diversos principados. No século XVI passou a pertencer à Boêmia, depois Checoslováquia. Mais tarde ficou pertencendo ao império dos Habsburgos. Em 1742 a Prússia apoderou-se da Silésia e após a Primeira Grande Guerra Mundial a região foi dividida em Alta e Baixa. A Alta Silésia tinha por capital a cidade de Oppeln, e Breslau era a capital da outra região. Após a Segunda Grande Guerra Mundial a maior parte da região foi cedida à Polônia.

Na época em que vão desenrolar-se os fatos de nossa história, a Europa estava dividida em pequenos principados, ducados. Os senhores feudais dominavam sobre o resto da população. Eram poderosos senhores, donos de todas as terras. Eram ricos. Habitavam nos imponentes castelos ou riquíssimas mansões, cercados de todas as pompas. Havia um luxo desmesurado. As festas dadas nas principescas moradias eram algo que raiava o fantástico. Baixelas da mais fina prata, das mais decoradas porcelanas, copos de cristal do mais fino lavor. A criadagem era numerosa. Os mais finos tecidos importados constituíam a roupagem dos príncipes e das princesas. Festas e mais festas ressoavam pelos salões dos palácios. No tempo da caça, imponentes cavalgadas ao som das trompas e ladrar dos cães eram vistas pelas montanhas do país.

Contrastando com toda essa opulência, estavam os camponeses, os operários, o resto da população. Os ricos arrendavam suas terras aos camponeses. Exigiam boa parte da colheita. Os pobres lutavam, mourejavam para colher os produtos que essas terras produziam e lá se ia quase tudo para o celeiro dos proprietários. De um lado o luxo, a opulência, o esbanjamento, e de outro a quase miséria e a miséria mesma. Eram vistos pelas estradas, nas cidades, perto dos palácios numerosos mendigos estendendo as mãos descarnadas pedindo um pedaço de pão. Esfarrapados, friorentos, cheios de todas as doenças, perambulavam esses pobres filhos de Deus, socorridos nos conventos e pelas almas que ainda tinham o sentido de misericórdia.

As guerras eram um flagelo para toda a população. As terras eram devastadas pelos exércitos inimigos. Tudo era pilhado. A fome tomava conta dos pobres. Contavam-se então aos milhares as viúvas, os órfãos... todos abandonados à mais triste sorte.

Encontrando uma multidão esfaimada, desnutrida, surgiam as grandes epidemias que assolavam aquelas terras, ceifando milhares de vidas. A fome muitas vezes também fazia os bandidos, os assaltantes, os criminosos.

Vamos ter diante dos olhos esse quadro de contrastes: luxo, pompa, esplendor e de outro lado grande miséria.

Foi nesse tempo que nasceu uma duquesa.

Bertoldo de Andech, Marquês de Meran e Conde do Tirol, duque da Caríntia e da Ístria tinha-se casado com a jovem Inês, filha do Conde de Rottech. Neste lar tinham nascido oito filhos, quatro homens e quatro mulheres: o filho mais velho foi patriarca de Aquileia e chamava-se Bertoldo, como o pai; Ekelberto foi bispo de Bamberg, Oto e Henrique seguiram a carreira militar. Uma das filhas casou-se com Filipe, rei da França, a segunda com André, rei da Hungria e foi mãe de Santa Isabel da Hungria; a terceira tornou-se religiosa e foi abadessa beneditina em Kicing.

Era o ano de 1174. O palácio do príncipe Bertoldo era todo agitação. A princesa Inês estava em trabalho de parto. As criadas deslizavam apressadas pelos longos corredores. O silêncio era quebrado pelas passadas das pessoas que vinham ao palácio. As parteiras foram chamadas e os médicos também.

Apesar de ser pai já de seis filhos, Bertoldo está ansioso. Nota-se nele certo nervosismo. Todo nascimento traz sempre consigo uma grande expectativa. Mas hoje parece pairar no ar qualquer coisa de sobrenatural, alguma coisa que a gente sente mas não sabe explicar o que é.

É por isso mesmo que Bertoldo anda pelos aposentos em longas passadas, atento ao menor rumor que venha dos lados dos aposentos de sua querida Inês. Passa a mão pela longa barba. O tempo parece parar. Os minutos parecem eternidade. De caráter afável, hoje parece não querer prosa com os presentes. Mas cumprimenta-os, indica-lhes as poltronas e continua agitado de um lado para outro. Vai até a porta do aposento de Inês, para e depois continua a medir o salão com seus passos.

Foram horas de espera. Quando de repente, abre-se a porta do aposento da esposa e a parteira-chefe sai com o rosto iluminado pela alegria. Há uma agitação geral. Ela perfila-se toda e anuncia solene:

– A princesa Inês acaba de ter a criança.

Parece que até faz de propósito uma pequena pausa, para depois continuar:

– A criança está bem. A mãe também está bem. É uma menina!

A alegria toma conta do palácio. Um sorriso estampa-se no rosto de todos. Bertoldo treme de emoção. Recebe o cumprimento de todos os presentes.

Pronta a criança, é depositada nos braços da piedosa mãe. Ela aperta aquele pequeno ser contra seu coração, traça-lhe na fronte o Sinal da Cruz e dá-lhe nas rosadas faces seu primeiro beijo materno.

Quando tudo está pronto, sumamente emocionado Bertoldo é chamado para entrar no quarto de sua esposa. O valente guerreiro entra. Nada há de marcial nele nessa hora. É o pai estremecido, é o esposo carinhoso. Deposita um longo beijo na fronte de sua esposa. É um beijo de amor e de agradecimento. Olha enternecido aquele anjinho ao lado da mãe. É um rostinho rosado que emerge do meio de tanta roupa. Beija comovido aquele rostinho que parece refletir o rosto do próprio Criador.

Nasceu uma duquesinha. Tudo é festa.

Algum tempo depois o palácio alvoroça-se novamente. As damas da nobreza farfalham seus longos e arredondados vestidos de seda. Os nobres em suas vestes de gala cruzam os salões. O arcebispo também está presente. É servido um banquete. Até os pobres, assíduos rondadores do palácio, nesse dia recebem algo melhor que a simples sopa de costume. O que estará para acontecer? Um fato importante na vida da futura duquesinha. Um fato que irá marcar para sempre aquela pequena criatura. A filha de Bertoldo e Inês vai ser batizada na capela do Palácio.

Revestido com toda a pompa das vestes litúrgicas, o celebrante começa as cerimônias da administração do Sacramento do Batismo. O senhor arcebispo pergunta aos pais da criança:

– Que nome os senhores escolheram para esta criança?

– Edwiges!

– Edwiges, quer ser batizada?

Pais e padrinhos respondem solenemente por ela:

– Quero!

– Então Edwiges, eu a batizo em nome do Pai, do Filho e do Espírito Santo!

E a água batismal foi escorrendo pela cabecinha e fronte de Edwiges. Foi o grande momento. Ela agora não é somente a filha de Bertoldo e de Inês. É filha de Deus. É irmã de Jesus Cristo. É irmã de todos os filhos de Deus. É morada do Espírito Santo. É herdeira do Reino dos Céus. Agora ela faz sua entrada solene como membro da Igreja. É santificada, é selada, é ungida como membro do Corpo Místico de Cristo.

Há festa na terra e há festa também nos céus.

2 | Infância de Edwiges

A vida de Edwiges passa-se no século XII e XIII. Por isso precisamos entendê-la dentro desse contexto histórico. Muitas coisas poderiam causar estranheza para nós que vivemos o século XXI. Outros são os modos, outros os costumes totalmente diferentes daqueles nos quais viveu Edwiges. A espiritualidade daqueles tempos, podemos dizê-la diferente da nossa. A visão da vida, do mundo, diferente da nossa. Os conceitos eram outros sobre a vida de família, sobre o matrimônio, sobre a ascese cristã. E por isso mesmo não vão aqui relatados como exemplos para imitação, mas para admiração. Ficam, porém, as bases das virtudes praticadas por ela. Servirão para inspiração para nossas vidas.

A menina Edwiges cresceu rodeada de todos os cuidados no palácio dos pais. No meio de seus irmãozinhos, cuidada pelas criadas que não a deixavam nem de dia, nem de noite.

Parecia um desses anjinhos pintados por hábeis artistas. Lourinha, de faces rosadas. Sempre alegre, risonha. Ainda pequenina tinha um ar sério de gente grande.

A mãe, devota e piedosa senhora, era toda solícita para com seus filhos. Reunia-os muitas vezes durante o dia e ensinava-os a rezar. Rezava com eles. Contava-lhes lindas histórias das piedosas vidas dos santos. Eram histórias dos primeiros cristãos, dos heroicos mártires dos primeiros tempos, quando até crianças enfrentavam os carrascos para afirmar que Jesus é Deus. A vida dos homens do deserto, os eremitas que viviam quase só de pão e água com algumas ervas. A vida de outros santos. Isso fazia as delícias de Edwiges.

Nesse ambiente, no qual se respirava piedade e santidade, Edwiges "crescia em graça e idade". A pequerrucha mostrava desde os mais tenros anos uma piedade fora do comum. Aquela meninazinha loura, de longos cabelos, quando juntava as mãozinhas no colo da mãe, mais parecia um anjo descido à terra que um ser mortal.

Veio um momento de dura provação para Edwiges. Acabara de completar seis anos de vida. Conforme os costumes daqueles tempos, foi internada num mosteiro para ser educada entre religiosas. Teve assim que deixar a casa paterna, os carinhos e carícias da mãe. Seu coração sentiu duramente essa separação dos seus entes queridos.

Edwiges foi internada no mosteiro de Kicing, onde mais tarde uma sua irmã seria abadessa. Aí aprendeu as sagradas letras. Aí preparou-se para a vida.

Era ainda uma menina, mas agia em tudo como se fosse já uma adulta. Pensava como gente grande. Demonstrava uma piedade sólida. Com doze anos mostrava já uma maturidade fora do comum.

3 | Edwiges casa-se...

Edwiges tinha apenas doze anos de idade. Estava, pode-se dizer, na fase de menina-moça. Seu pai arranjou-lhe um noivo. O escolhido chamava-se Henrique. Ele era duque da Silésia e mais tarde também da Polônia.

Quando a princesinha Edwiges foi apresentada ao futuro marido, o coração de Henrique bateu fortemente. Ficou deslumbrado diante da beleza da noiva. Ela encanta-o com sua beleza física, mas sobretudo pelos dotes de espírito e coração.

O casamento é marcado para breve. E de fato realizou-se em 1186. Foram solenidades que marcaram época, hoje diríamos que foi o casamento do ano. Os marqueses, os duques, as princesas, o clero e até reis... gente que não acabava mais. Por vários dias o palácio e a cidade toda viviam em clima de festa. Eram de se ver as ricas carruagens cortando as estradas e as ruas da cidade. Os nobres cavaleiros em seus lindos corcéis entravam com estrepitosa galhardia acompanhados de seus pajens.

O povo olhava maravilhado. Era a chegada da irmã de Edwiges. Era sua majestade Inês, esposa de Filipe, rei da França. Aquela carruagem ricamente enfeitada era de sua majestade Gertrudes, rainha da Hungria, também irmã de Edwiges, trazendo ao lado sua pequena filha, a futura Santa Isabel da Hungria. Passa uma monja vestida em seu burel de lã grossa. É a abadessa do mosteiro de Lutzing, irmã também da noiva.

Mas é mais gente importante que chega. O patriarca de Aquileia chega rodeado de seu cabido. Bertoldo vem para oficiar o casamento de sua querida irmã. O bispo de Bamberg, Ekelberto, chegou até com dias de antecedência. Em suas fardas reluzentes, Henrique e Oto irão dar brilho ao grande acontecimento.

A igreja está enfeitada com todos os esplendores. Há centenas e mais centenas de velas. Faíscam as pedrarias do templo. É visível a comoção estampada no rosto de Bertoldo e de Inês.

Edwiges está séria. Está compenetrada do importante momento. Será um "sim" que irá mudar todas as estruturas de sua vida de até então. Esforça-se para que as lágrimas não brotem de seus olhos azuis. Mas firme e resoluta aceita Henrique, duque da Silésia, por seu marido até que a morte os separe.

Depois, as grandes festas nos salões do palácio paterno.

4 | Um novo lar...

Terminaram-se as festas. Tudo está sendo arrumado para a partida. O palácio do marquês Bertoldo vai ficando vazio. Está chegando também a hora em que a nova esposa deve deixar o lar paterno e encetar a longa viagem para sua nova residência.

As despedidas foram bem sentidas. Bertoldo olha fixo no rosto de Edwiges, aperta-a contra o peito e dá-lhe um beijo na testa. A mãe é mais sentimental. Abraça-a e a retém longo tempo entre os seus braços. Lágrimas correm de seus olhos. Sua filha agora já não mais lhe pertence. Ela é a duquesa da Silésia e da Polônia.

Depois dos últimos adeuses, a caravana põe-se a caminho. Viajava-se naquele tempo ou a cavalo ou de carruagem. A viagem era demorada e cansativa. Pouco tempo depois Andech ia ficando para trás, mas as saudades iam caminhando junto de Edwiges.

Foram enviados mensageiros na frente para anunciar a chegada da nova duquesa. Assim que chegaram aos limites do ducado, o povo aglomerava-se à beira da estrada para ver sua senhora passar. Todos queriam ver, pelo menos por um instante, a esposa de Henrique, Edwiges sorri e acena bondosa para todos.

Chegam enfim às portas da cidade. Tudo está enfeitado. Não há ninguém dentro das casas. As ruas estão apinhadas de gente. As crianças esticam o pescoço para ver melhor. Outros põem-se nas pontas dos pés. Acotovelam-se para pegar uma posição melhor. E a duquesinha vai passando, vai sorrindo para todos, vai cumprimentando a todos. As mães erguem seus bebês como querendo que Edwiges os abençoe.

– Como é linda!, exclamam admiradas as moças.

– Deve também ser muito boa!, diz um homem de longas barbas e vestido com uma roupa muito velha. – Ela irá ter dó de nós que quase morremos de fome.

– Claro que ela vai nos ajudar. Ela vai ser nossa esperança. Acho que ganhamos uma nova mãe...

E os comentários não param enquanto Edwiges vai fazendo sua entrada triunfal ao lado de seu jovem esposo.

Chegam à frente do palácio. É grande a multidão que se aglomera diante da entrada. Há um entusiasmo incontido naquela massa de povo. Estrugem palmas e vivas. Ao lado do esposo ela sobe majestosamente as escadarias do palácio. Vira-se e saúda a todos. Seus graciosos gestos de saudação provocam um clamor ensurdecedor. Nunca ninguém fora recebido assim naquele palácio. Ela fez-se amada num instante pelo seu povo. Depois encaminha-se para dentro de seu lar.

Em cada canto havia gente para recebê-la. Era apresentada a todos. Estavam os ministros empertigados em seus uniformes. Os juízes com seu ar sério, até carrancudo. Os militares com seus uniformes de gala. As camareiras, as criadas, os fâmulos. Todos quantos trabalhavam no palácio. Até aqueles que executavam os mais humildes serviços. A todos ela cumprimentava graciosamente. Todos aqueles que esperavam uma sisuda princesa estavam agora diante de uma quase menina. Cansada da viagem, ela não quis demonstrar o menor sinal de aborrecimento. Vinha para ser a mãe de todos eles.

No outro dia, bem cedo ainda, estava ela pronta para assumir seu papel de dona de casa. Começa a organizar tudo. Trata a todos com respeito. Distribui as tarefas de cada um. Estabelece o horário do palácio. Inspeciona todas as dependências. É a mulher virtuosa de que nos falam as Sagradas Escrituras no livro do Eclesiástico: "Feliz o homem que tem uma mulher virtuosa, porque dobrado será o número de seus anos. A mulher é a alegria de seu marido, derramará paz nos anos de sua vida. A mulher virtuosa é uma sorte excelente, é o prêmio dos que temem a Deus... A mulher honesta é uma graça inestimável e não há preço comparável a uma alma casta. O sol brilha no alto dos céus, e a beleza de uma mulher virtuosa é o ornamento de sua casa. Lâmpada que brilha no candelabro sagrado, assim a beleza dos rostos numa figura majestosa" (Eclo 26,1ss.).

Certamente Edwiges, que aprendera as Sagradas Escrituras durante os anos que vivera interna no mosteiro, desejava pautar sua vida conforme o livro dos Provérbios. E assim era realmente sua vida: "Uma mulher virtuosa, quem a poderá encontrar? O seu valor é superior ao das pérolas. O coração de seu marido nela confia e jamais precisa de coisa alguma. Ela proporciona-lhe o bem e não o mal em todos os dias de sua vida. Ela procura a lã e o linho e trabalha com mãos alegres. É semelhante ao navio do mercador que traz seus víveres de longe. Levanta-se ainda de noite distribuindo o alimento aos criados de sua casa e a tarefa de suas servas. Ela vê um campo e adquire-o, planta uma vinha com o ganho de suas mãos. Cinge fortemente seus rins e fortalece seus braços... A sua mão pega na roca e os seus dedos fazem girar o fuso. Estende os braços ao infeliz e abre a mão ao indigente. Não teme a neve para seus familiares, porque todos eles trazem vestes duplas. Faz para si cobertas e os seus vestidos são de linho e púrpura. Seu marido é considerado nas portas da cidade quando se senta com os anciãos da terra. A fortaleza e graça são seu adorno: ri-se dos dias de amanhã. Abre sua boca com sabedoria; há na sua língua instruções de bondade. Vigia o andamento de sua casa, e não come o pão da ociosidade. Os seus filhos levantam-se para felicitá-la e o seu marido elogia-a... A mulher que teme ao Senhor, essa será louvada" (Pr 31,10ss.).

Com ela entra no palácio tudo o que aprendera com a mãe e também no mosteiro. Há horas para tudo. Para o trabalho e para o descanso. Há horas também para as orações. A duquesa Edwiges faz questão de rezar com o pessoal a seu serviço. Quer fazer de sua família uma pequena igreja doméstica. Ela mesma dedica-se muitas horas do dia à oração e à meditação.

E logo se percebe uma mudança radical naquele ambiente. Um espírito de fervor religioso enche todo o palácio. E todos sentem-se felizes com a nova patroa. Há cochichos assim:

– É uma santinha!...

– Como é boa para com todos!

– Não é patroa, mais parece uma mãe...

5 | "Anuncio uma grande alegria..."

Henrique, duque da Silésia e Polônia, é o homem mais feliz do mundo. Moço piedoso, reto e justiceiro, devota-se de corpo e alma à sua jovem esposa. Ela também é toda carinho, toda afeto e toda amor para com aquele que Deus escolhera para seu esposo.

O casal vive uma perene lua de mel. Amam-se. Respeitam-se. Cada qual quer fazer o outro mais feliz. Alicerçam sua vida de casados na oração, na vida devota, na meditação.

Henrique, apesar de todas as preocupações e ocupações do ducado, procura o mais possível estar ao lado da esposa.

Faz já alguns meses que estão casados. Mas parece que foi ontem ainda o dia de sua grande felicidade. E essa felicidade vai crescer sempre mais. Edwiges está entrando nos seus treze anos de idade.

Certa manhã Henrique nota no semblante da jovem esposa um sorriso de felicidade ainda maior.

– Henrique querido, você será o primeiro a saber...

– Que novidade?

– Nosso primeiro filho!...

Henrique está como que paralisado. A notícia pegou-o desprevenido. Não sabe se ri, não sabe se chora. A emoção é forte demais. Abraça sua querida Edwiges, beija-a e gaguejando diz-lhe:

– A melhor notícia do mundo, querida!...

Há momentos na vida em que o silêncio fala mais alto do que as próprias palavras. Edwiges nos braços de seu marido sente-lhe o coração pulsar violentamente. Henrique sente emanar daquele frágil corpinho toda a ternura da futura mãe. Assim ficam longo tempo.

Depois é ela quem rompe o silêncio. Olha o esposo nos olhos e diz-lhe:

– Querido, posso pedir-lhe uma coisa? Você concordaria?...

– Tudo o que você quiser, querida!

– Se nós nos preparássemos para o nascimento de nosso filho fazendo um sacrifício...

– Tudo será pouco...

– Vamos guardar então...

– Sim, nosso amor será diferente, querida. Não teremos a mesma cama até que nosso filho nasça!

Ela estreita-o contra o peito murmurando:

– Obrigada, querido. Seremos felizes!

| Mãe

Edwiges tinha apenas treze anos. A maternidade que se desenvolvia em seu seio tornava-a ainda mais bela. E a futura mãe preparava-se para a futura missão, levando uma vida santa. Rezava por ela, rezava pela criança que iria nascer, rezava pelo bom pai da criança. Era num clima assim de piedade que ela aguardava a vinda ao mundo de seu filho primogênito. Assim os dias iam passando.

Afinal chegou o grande dia. No palácio de Breslau, a capital da Silésia, reinava a grande expectativa. Os médicos faziam plantão no salão da antecâmara da duquesa. As parteiras não deixavam um só instante a duquesinha que já sentia os sinais de estar próximo o momento da chegada de seu filho tão esperado.

A alegria explodiu no palácio quando foi anunciado solenemente:

– A senhora duquesa da Silésia e da Polônia acaba de dar à luz uma criança. Todos passam bem e nasceu um menino.

O duque Henrique não cabe em si de contente. Recebe emocionado os cumprimentos dos amigos, dos nobres. Os criados estão rondando ali por perto. Acanhados, aproximam-se e timidamente beijam a mão de seu senhor. Até o mais humilde jardineiro quer compartilhar da alegria. Há festas por todos os cantos do palácio. E não é para menos, pois quanto aquela gente gosta e ama a jovem duquesa, nem se pode imaginar.

O novo pai anuncia:

– Será chamado Henrique, como já eu e Edwiges combinamos!

Depois, quando tudo está pronto no quarto da esposa, ele entra. Não tem palavra para expressar sua alegria. Beija enternecido a fronte da nova mãezinha. Ela ainda cansada, exausta, abre os olhos e tem o sorriso mais maravilhoso do mundo. A parteira coloca nos braços do pai aquele filho tão esperado e pelo qual fizeram tantos sacrifícios.

Essa mesma emoção irá repetir-se quando nascerem Conrado, Boleslau, Inês, Sofia e Gertrudes. Esses foram os filhos do santo casal.

7 | Vida matrimonial

Não será fácil compreender o que se segue. A vida conjugal tinha uma outra dimensão naqueles tempos. A união dos esposos justificava-se tão somente com a finalidade da procriação. Essa era entendida como o fim principal e primeiro do matrimônio. O amor mútuo e sua concretização no relacionamento íntimo somente se justificavam em vista desse primeiro fim.

A compreensão da sexualidade humana teve de fazer uma longa caminhada para que se chegasse a compreender que tanto a procriação como a ajuda mútua através do relacionamento da união conjugal são os fins principais e iguais do matrimônio, e que essa relação mútua dos esposos não era apenas uma concessão de Deus por causa da procriação.

A moral cristã foi evoluindo, baseada na Bíblia em que aparece a relação sexual do casal como o cumprimento do amor dos esposos no direito e no dever de ambos quanto à relação matrimonial. A tal ponto que haveria pecado se uma das partes, sem justa causa, se negasse ao cumprimento desse dever.

Um moralista moderno, Marciano Vidal, trata desse assunto longamente no tratado sobre a sexualidade em seu livro *Moral de Atitudes*. Nele o leitor interessado no assunto poderá encontrar vasto material sobre esse problema.[1]

Por isso mesmo o que vamos escrever agora não é para ser tomado como se hoje ainda fosse um ato de virtude para ser imitado. Temos de estar lembrados que Edwiges viveu no século XII e XIII. Para ela isso era uma grande virtude. Foi louvada pelos seus biógrafos e até apresentada como modelo. Hoje em dia outros são os tempos, outros os costumes, outra a moralidade do relacionamento conjugal.

Como vimos mais atrás, assim que Edwiges percebe que está grávida, propõe ao marido a abstinência conjugal até o nascimento da criança. O marido consente. Do mesmo modo nas gravidezes seguintes.

De comum acordo eles se abstêm ainda durante o tempo de "purificação" que dura quarenta dias após o parto.

Sabemos que Edwiges tinha sido educada num mosteiro. Havia nela um sentido de castidade segundo o modelo das monjas consagradas a Deus pelo voto de virgindade. E, mesmo dentro do casamento legítimo, a relação sexual era tida como uma concessão de Deus em vista da

---

1 MORAL DE ATITUDES – II Volume – ÉTICA DA PESSOA. Editora Santuário – Aparecida – 3.ª Edição. Traduzido para o português com o título de: *A Oração*. (Editora Santuário)

procriação e não como a consumação do amor humano transformado em amor divino pelo sacramento do matrimônio.

Edwiges tem a castidade em alto apreço. Isso influi poderosamente em sua vida de casada. Ela é esposa fiel, carinhosa, amada e amante. Mas julga maior perfeição a renúncia a esse ato por amor a Deus.

É por isso que propõe a seu marido uma norma para a vida íntima do casal. Além da abstinência conjugal durante a gravidez, nos quarenta dias após o parto, os esposos também não têm relações durante o tempo da quaresma, do advento, nas vigílias das grandes solenidades cristãs, nos dias das grandes solenidades de Cristo e dos Santos, aos domingos por ser o dia do Senhor. Com o passar dos anos, as sextas-feiras tornam-se dias importantes para eles. Recordam a Paixão de Cristo. Por isso fazem o sacrifício, renunciando àquilo a que têm direito.

Não param aí. Depois de uma vida em comum, Edwiges, com a graça de Deus, convenceu seu marido a não terem mais vida matrimonial até o fim da vida. Diante do bispo juraram manter-se nesse estado até o fim da vida.

Viveram assim por mais de trinta anos, até a morte de Henrique.

Para não serem tentados pelo desejo da carne, Edwiges evitava encontrar-se com ele a sós.

Sempre tratava com ele nos lugares públicos ou na igreja. Para evitar maledicências, fazia-se sempre acompanhar por alguma criada ou por algum parente. Mesmo estando seu esposo enfermo, não entrava em seus aposentos sem se fazer acompanhar por pessoa de sua confiança.

Coisa admirável. Seu esposo também foi fiel ao voto que fizera. Na oração, jejum, abstinência, eles encontraram força para manter a continência até o fim da vida.

# | Dificuldades

Edwiges era uma mãe solícita para com seus seis filhos. Procurou educá-los numa sólida piedade, inculcou-lhes os princípios de todas as virtudes. Fez de sua casa realmente uma verdadeira igreja doméstica.

Mas nem tudo saiu como era seu desejo. Surgiram graves dificuldades. "Filho criado, trabalho dobrado", diz o ditado. Isso verificou-se na família de Edwiges.

Apesar de todo o amor entre os esposos, apesar de procurarem ambos uma vida realmente exemplar, eles pagaram seu tributo às fragilidades humanas.

A história de Esaú e Jacó, conforme a Bíblia, repete-se. Henrique tinha mais predileção pelo segundo filho, Conrado, o Crespo. Edwiges tinha mais pelo primogênito Henrique. O pai arranja para Conrado um casamento com a filha do duque da Saxônia e dá-lhes as terras de Lubex e de Lusacia como herança. A conselho de Edwiges dá ao filho mais velho as terras de Lessete e Wlatislávia.

Conrado, que é de gênio irascível, concebe um ódio terrível contra o irmão. O diabo insinua-se em seu espírito. Com palavras doces conquista os poloneses, instintivamente hostis aos germânicos. Reúne poderoso exército de poloneses e lubecenses e marcha contra o irmão.

Edwiges, mãe extremosa, sofre terrivelmente. Suplica a Deus. Entrega-se às duras penitências e tudo faz para reconciliar os filhos. De nada adiantou.

Henrique organiza também seu exército e vai de encontro a seu irmão Conrado. Em Studinit, entre o Monte Áureo e Lenik, trava-se a batalha. Luta terrível. De ambos os lados caem soldados cortados pelas espadas. A vitória sorri para as hostes de Henrique. Conrado foge e se abriga ao lado do pai. Aí sente-se seguro.

Conrado, que como vimos tinha o apelido de Crespo, saiu um dia à caça. Foi atacado por uma fera açulada por ele mesmo. A fera enraivecida precipitou-se sobre ele, quebrou-lhe as pernas e deixou-o em lastimoso estado. Quando o acharam estava já quase morto. Poucos dias depois veio a falecer. Foi levado para o mosteiro de Trebnitz. Sua irmã Gertrudes, que nesse tempo já era abadessa desse mosteiro e que muito o amava, deu-lhe sepultura na capela do mesmo mosteiro.

Nesses dias Edwiges ainda estava imersa em dores pela morte de outro filho, Boleslau. A notícia da morte de um segundo filho veio aumentar ainda mais as dores de seu coração materno.

9 | Viúva

Ano de 1227. Uma série de calamidades abateu-se sobre a duquesa Edwiges. Guerras e mais guerras entre parentes estouram naquelas terras. Wladislau, filho de Otão, a quem o marido de Edwiges restituíra a herança paterna, moveu guerra contra seu próprio pai. Este chama em seu auxílio o duque Henrique da Silésia, com quem antes fizera uma aliança militar. Vítimas de traição, Otão foge e Henrique fica gravemente ferido. Ele é salvo pela dedicação do soldado Peregrino, que coloca seu próprio corpo como escudo contra os golpes que lhe vibravam.

O duque Henrique viu-se envolvido ainda em outras guerras. Havia muitas disputas entre os diversos príncipes. Numa dessas batalhas Henrique caiu prisioneiro do príncipe Conrado. Edwiges corajosamente apresentou-se diante do cruel príncipe e conseguiu a libertação de seu marido. Conrado não se deixara comover nem intimidar pelos pedidos de outras pessoas de influência. Mas, quando viu diante de si a duquesa Edwiges, o homem tremeu. Parecia-lhe ter diante de si um anjo a ameaçá-lo. Sem exigir resgate, libertou o prisioneiro.

Pouco tempo depois Henrique partiu para a região de Crosna. Atacado de um mal súbito, veio a falecer poucos dias depois. Solenemente foi sepultado no mosteiro de Trebnitz, que ele próprio fundara, ao lado de seu filho Conrado. Edwiges nessa ocasião mostrou-se a mulher forte que era. Enquanto todos choravam, ela mantinha os olhos secos, embora seu coração vertesse um mar de amarguras. E quando deveria ser consolada, era ela quem consolava os outros. Voltaremos a falar sobre esse assunto.

Pouco tempo depois um novo golpe veio ferir o coração já tão provado de Edwiges. Seu filho primogênito Henrique, o Pio, teve de reunir seu exército para uma nova guerra. Os tártaros, partindo da Mongólia, vinham assolando aquelas terras da Polônia. Era um furacão que se abatia em terras polonesas. Era uma gente bárbara que não respeitava nada. Por onde passava, deixava tudo arrasado. Não respeitava ninguém. Velhos, mulheres, crianças, todos eram trucidados.

O pavor tomava conta dos pobres poloneses, súditos de Henrique. Por isso o valente homem, à frente de seu exército, marchou para as sangrentas lutas. Deixou em casa seus filhos e sua esposa Ana.

Pouco tempo depois chegou a triste notícia. Henrique tombou ferido mortalmente nos campos de batalhas.

Mais uma vez viu-se a fortaleza dessa heroica mulher. Mesmo com o coração sangrando, ela teve palavras de consolo para todos que choravam a morte do amado Henrique. Consolou a irmã de Henrique, sua filha Gertrudes, abadessa de Trebnitz, consolou Ana, sua nora, esposa de Henrique, com estas palavras:

– É a vontade de Deus. Cabe-nos aceitá-la. O que agrada a Deus devemos fazer sempre.

Elevando os olhos aos céus, rezou:

– Dou-vos graças, Senhor, que tal filho me destes. Enquanto vivo, tanto me amou e honrou. Nunca me causou o mínimo desgosto. Embora o quisesse sempre comigo na terra, por ele agora vos peço que, pelo derramamento de seu sangue, esteja unido a Vós, seu Criador e Pai nos céus. Encomendo sua alma a Vós, Senhor Deus.

Mais uma vez Edwiges mostrou-se a mulher forte, cheia de fé e submissa à vontade de Deus.

10 | Vida no convento

Mesmo antes do falecimento de seu marido Henrique, Edwiges foi-se desprendendo das coisas desta terra. Dispôs de tudo e retirou-se para o mosteiro de Trebnitz. Acompanhada de algumas criadas e de algumas mulheres amigas, foi ocupar algumas dependências do vasto mosteiro. Não escolheu, porém, para si mesma, luxuosos apartamentos. Mas nos fundos do mosteiro quis fazer sua moradia. Tudo era pobre. Um quarto pobre. Mobílias pobres. A rica duquesa fez-se pobre entre as pobres monjas.

Edwiges tinha em grande estima as pessoas consagradas a Deus na vida religiosa. No seu fervor religioso, no seu modo de conceber e julgar tais pessoas, ela as considerava como a porção eleita do rebanho de Cristo. E, por isso mesmo, como pessoas santas.

11 | Fundação de mosteiros

Henrique, esposo de Edwiges, fundara o mosteiro de Trebnitz. Depois que ele morreu, ela continuou sua obra. Fundou diversos mosteiros. Dotou-os de meios para seu sustento e sobrevivência com generosas pensões.

Visitava muitas vezes esses locais. Levava pessoalmente generosas esmolas e passava dias entre as monjas, participando da vida religiosa nos claustros.

Com os diversos mosteiros de monjas, começou também um processo novo de educação para as donzelas. Principalmente as filhas das famílias nobres eram enviadas para esses mosteiros para serem educadas. Aprendiam as letras e todos os misteres de uma dama dona de casa. Saíam preparadas para a fundação de novos lares, com boa bagagem literária e sobretudo com sólidos fundamentos religiosos.

Tais conventos tiveram grande influência na vida religiosa do país. A mulher piedosa é a base de um lar religioso, influenciando a vida do marido nas suas diversas atividades.

Vieram também os monges cistercienses. Depois os franciscanos. Com os primeiros, o país conheceu progressos na agricultura e nas artes. Com os segundos, uma nova forma de espiritualidade começou a florir na Silésia e na Polônia.

Henrique também passou muitos anos de sua vida entre os filhos de São Francisco de Assis. Deixou crescer a barba como os frades e por isso ganhou o apelido de "o Barbudo". Henrique, o Barbudo.

Henrique e Edwiges procuravam o bem de seu país. Ele procurando consolidar politicamente seus domínios. Ela procurando santificar seus súditos. Atraíam assim as bênçãos de Deus sobre o ducado.

Vivendo mais de quarenta anos num mosteiro, ficando longo tempo viúva, Edwiges não fez os votos religiosos. Ela não foi uma monja ou freira. Mas nem por isso deixou de praticar as regras monásticas. Praticou-as talvez mais rigorosamente que as próprias monjas.

Alguns fatos que foram registrados em sua vida, quando de sua estada no mosteiro, pareceriam para nós até absurdos. Mas, como já dissemos no início, precisamos situar-nos no século XIII e não os julgar às luzes do século XXI. Apresentamos alguns desses fatos. Não os queremos julgar. Somente ver como vivia essa duquesa que hoje chamamos de Santa Edwiges.

Considerava-se grande pecadora. Mas considerava as monjas como santas. O que elas usavam tornava-se para nossa santa preciosas relíquias. Por isso, muitas vezes fora vista tomar um pouco da água com a qual as monjas tinham lavado os pés e lavar com ela os olhos, e às vezes até toda a cabeça.

Estando as monjas reunidas e sentadas à mesa, ela se atrasava na igreja, ou passava pelos dormitórios, e ajoelhada ia beijando os genuflexórios, cadeiras e outros objetos usados por elas.

Nas toalhas com que as monjas enxugavam as mãos, Edwiges escolhia os lugares mais usados, e até mais sujos, e beijava-as com mais amor, considerando-se a mais pecadora entre todas.

Certa vez, passando pelo coro e tendo beijado as cadeiras, voltou-se para o altar e, enquanto extravasava seu coração em prece, ressoou uma voz vinda do Crucifixo, que dizia:

– "Sua oração já foi ouvida!"

É que nesse tempo ela estava angustiada, pedindo por alguns parentes seus que estavam lhe causando grandes aborrecimentos.

Nossa santa não queria nunca tomar sua refeição antes de dar de comer aos pobres. E fazia isso de joelhos. Não bebia água sem que antes o mais miserável dos pobres tivesse bebido em seu próprio copo.

Parece que nada impediria Santa Edwiges de ter feito seus votos religiosos, uma vez que vivia no mosteiro de Trebnitz e levava uma vida de oração e penitências tão rígidas. Era a mais humilde, a mais pobre entre as pobres de Cristo. Sua obediência era um exemplo para todas as monjas. Qual teria sido o motivo desta sua resolução?

O motivo foi este. O religioso ou religiosa faz três votos: de obediência, de castidade e de pobreza. Pelo voto de pobreza, quem o faz não pode possuir absolutamente nada de bens temporais e muito menos dispor deles. Santa Edwiges possuía muitos bens, apesar de ela mesma viver tão pobremente. A herança herdada dos pais, as riquezas de seu marido e todos os bens do ducado.

Como vivia Santa Edwiges? Andava sempre descalça, usava vestes pobres e surradas, sem enfeite algum. Anéis, colares, pulseiras ou brincos eram adornos que ela desconhecia totalmente no convento. O que a impedia então de fazer os votos uma vez que era obediente, casta e pobre?

Não era por causa de si mesma que não abandonava seus bens materiais. É que não tendo professado, podia dispor deles em favor de seus pobres. Estes eram seus preferidos. Lembrava-se das palavras do Evangelho: "Todas as vezes que fizestes isto a um desses pequeninos que creem em mim, foi a mim que o fizestes" (Mt 25,40). Considera feito a Cristo o que podia fazer pelos seus pobres.

Desde menina na casa de seus pais, depois como esposa no palácio ducal e mais tarde no convento, Edwiges sempre teve um coração voltado para os deserdados da fortuna.

Mais adiante veremos quais eram seus pobres preferidos.

No convento fundado por seu marido, ela preferiu um quartinho nos fundos. Era frio, apertado, sem comodidade alguma. Quem não soubesse, jamais desconfiaria que aquela mulherzinha frágil, pobremente vestida, exercendo os mais humildes serviços, era a duquesa da Silésia e da Polônia. No máximo a julgaria uma humilde servente do mosteiro.

Mas como Edwiges sentia-se bem ali levando essa vida. Longe do burburinho do palácio ducal, num ambiente de silêncio, de oração e trabalho, ela degustava uma parcela da felicidade dos céus e podia dar asas à sua vida de oração e meditação.

Ela, que desde criança procurava sempre o caminho da santidade, podia agora praticar as virtudes que lhe eram caras a seu coração. Podia dedicar longas horas à oração, tanto de dia como de noite. Tornava-se cada vez mais uma alma contemplativa. Praticava as mais austeras penitências. Exercia a caridade para com todos. Fazia da paciência um marco de sua vida. A humildade fazia dela a última do mosteiro.

E Deus começou a glorificar sua dileta filha ainda em vida aqui nesta terra.

12 | Era humilde, muito humilde

A humildade é uma virtude que o próprio Filho de Deus ensinou e praticou. Sendo Filho de Deus, Jesus fez-se homem, deixando a glória de junto do Pai, encarnando-se no seio de Maria. Em tudo semelhante ao homem, viveu uma vida humilde e oculta, sendo conhecido apenas como o filho do carpinteiro. Durante sua vida aqui neste mundo podia dizer de si mesmo: "Aprendei de mim porque sou manso e humilde de coração".

IMITANDO CRISTO

Edwiges procurou imitar a humildade de Cristo. Mesmo seu exterior revelava a humildade de seu coração. Desde a juventude não usava nada que transpirasse vaidade. Jamais se vestia de púrpura ou seda. Nada que denotasse riqueza ou esplendor lhe ia bem.

Mas isso não quer dizer que fosse uma desleixada. Apresentava-se como uma digna duquesa, mas na sobriedade de uma alma devotada a Deus. Sobre a cabeça nada de coroa, véus luxuosos; no pescoço ou peito jamais ricos colares, nem seus dedos eram ornados com preciosos anéis. Qualquer sinal de vanglória ou ostentação, essa mulher singular afastava de si desde sua juventude.

Tudo isso quanto ao exterior. Mas também tudo isso era o reflexo da humildade de seu interior.

DESPOJOU-SE DE TUDO

Assim que começou a viver uma vida de total continência conjugal, renunciou ainda mais qualquer ornato do mundo. Não mais vestiu roupas coloridas e adotou somente vestes cinzentas. Somente nas grandes solenidades aparecia vestida com roupas melhores.

Desejando progredir sempre mais no caminho da humildade e no espírito de oração, a exemplo de Cristo, transferiu-se do palácio para o mosteiro de Trebnitz, com poucos familiares. Ali perto das irmãs cistercienses serviu ao Senhor, estando vivo ainda seu marido. Ele consentira e dera-lhe autorização para isso.

E HENRIQUE IMITA A ESPOSA

Ele continuava ainda governando a Silésia e a Polônia. Sentia-se feliz por ter uma esposa tão santa e desapegada. E como ele era um amante não só de sua santidade, mas um imitador de suas virtudes, seguia os mesmos caminhos desta santa mulher.

Ouvindo as exortações de sua piedosa mulher, levava já no mundo uma vida parecida com a dos monges. Era conhecido também por sua generosidade. Era homem de uma devoção incomum. A humildade de Edwiges o contagiava. E se não era um verdadeiro monge, pela profissão religiosa, e não vestia o hábito monacal, pouco faltava para isso.

Mandou cortar os cabelos em forma de tonsura. Deixou crescer a barba, não longa, mas moderada. Como vimos, foi então apelidado de Henrique, o Barbudo.

As palavras movem, mas os exemplos arrastam. Henrique, arrastado pelos exemplos de sua esposa, procurava seguir os passos dela. Embora sendo um príncipe riquíssimo, tanta era sua humildade que, quando os pobres ou pessoas simples lhe levavam algum presentinho, recebia-o com alegria. Humildemente agradecia-lhes de coração.

Certa vez um pobre levou-lhe uma cestinha com ovos. Recebeu-a como se ela estivesse cheia de ouro. Pensava consigo mesmo: "Este pobre tirou seu próprio alimento com a intenção de nos dar alegria. E nós lhe causamos também alegria se o recebermos como um presente".

Para uma santa esposa só mesmo um santo esposo, como Henrique. Embora ela lhe fosse em tudo submissa, não deixava de ser para ele uma excelente mestra no caminho das virtudes.

NÃO QUIS SER RELIGIOSA

Edwiges, no mosteiro, apesar de não ser uma religiosa, vestia-se como religiosa, vivia no meio delas. Sua filha fizera-se monja cisterciense e morava no mesmo mosteiro. Enquanto o pai ainda vivia, a filha nada dizia à sua mãe. Mas assim que ele faleceu, ela insistiu com a mãe para que fizesse sua profissão religiosa. Mas Edwiges respondeu-lhe:

– Você não ignora, minha filha, quanto mérito há em poder dar esmolas.

E como a filha insistisse, acrescentou:

– Não nego o valor da obediência e seus méritos. Mas, não professando, posso amar mais os meus pobres e consolá-los no amor que lhes tenho por causa de Cristo.

Sabemos como se vestia pobremente. Por humildade, nunca usava uma roupa nova sem que primeiro tivesse sido usada por uma outra mulher que com ela morava. Às vezes o vestido estava tão gasto, pelo tempo e pelo uso, que se ia desfiando todo. Certa ocasião uma Irmã, sua parenta, vendo-a com um manto todo puído, disse-lhe:

– Senhora, até quando vai usar esse manto? Vou roubá-lo e dá-lo para algum pobre indigente...

Ela, sempre humilde e bem-humorada, respondeu:

– Se isso a escandaliza, minha irmã, vou me corrigir.

E logo tirou o manto e começou a usar um outro. Só nesse fato deu dois exemplos de humildade: vestia-se pobremente por amor a Cristo e aceitou humildemente a correção da pobre irmã.

HUMILDADE NOS SEUS JULGAMENTOS

Essa serva de Cristo julgava-se a si mesma com humildade, mas tinha os outros em alto conceito. Em seu modo de ver, ela não passava de uma grande pecadora. A santidade da qual se dizia carente, ela via em todas as outras pessoas.

Por espírito de humildade, beijava os lugares e as cadeiras onde uma religiosa ou pessoa piedosa tinha se sentado ou ajoelhado para rezar. Assim que as monjas saíam do coro para se dirigirem ao refeitório, beijava todos os bancos. Com esse gesto queria demonstrar seu grande amor às pessoas, julgando que elas, de certo modo, santificassem os objetos que usavam.

Certo dia uma monja teve uma curiosidade. Queria saber como a santa mulher se comportava sozinha na capela, depois que as monjas saíam para o dormitório. Deslizou através do coro e escondeu-se. Daí viu Edwiges beijar os bancos e genuflexórios usados pelas irmãs. Levantava-se, ajoelhava-se e beijava todos os móveis. Cada vez elevava os olhos para o alto e agradecia o Criador de tudo. Depois, prostrada diante do altar da Santíssima Virgem, encimada por uma grande Cruz, a santa mulher fazia suas preces.

O pavor apoderou-se da curiosa monja. Enquanto Edwiges estava prostrada, viu a mão direita do Crucificado desprender-se do madeiro, elevar-se e abençoar sua santa filha. Ouviu uma voz sonora dizer:

– Foi ouvida sua oração. O que você está me pedindo, alcançará.

Provavelmente ela estivera pedindo a Deus que as irmãs, das quais beijava humildemente os rastos, perseverassem nas boas obras e que ela pudesse participar de seus méritos. E que Deus também a ela não negasse a sua misericórdia.

Incitava a todos a serem humildes. Beijava as toalhas usadas pelas monjas, passava-as sobre os olhos e o peito traçando com elas o Sinal da Cruz.

HUMILDE COM OS POBRES

E com os pobres, então, como se comportava Edwiges?

A exemplo de Jesus Cristo, que lavou os pés dos seus discípulos, ela muitas vezes, de joelhos, lavava com água morna os pés dos pobres. Depois de enxugá-los com uma toalha beijava-os, beijando também as mãos que recebiam suas esmolas. Dirigia a todos palavras de consolo. Confortava-os em suas misérias, com palavras cheias de carinho. Em cada pobre ela via o Cristo pobre estendendo-lhe as mãos.

Certa vez lavou os pés de nove leprosos. Depois vestiu-os com roupas novas. Fez questão que todos se assentassem com ela à mesa para a refeição. As criadas que serviam até se arrepiavam vendo aqueles pobres homens mutilados pelas chagas que carcomiam suas carnes. Mandou que lhes servissem o que de melhor houvesse. Depois de mandar que lhes dessem uma boa esmola, despediu-os com palavras de encorajamento.

Visitava os conventos dos religiosos. Não queria que passassem necessidade. Levava-lhes sempre provisões. Gostava de tomar as refeições com eles. Depois, de suas mesas recolhia as migalhas de pão porque, dizia, o alimento dos monges era como que o alimento dos anjos. E o interessante é que não queria que eles lhe agradecessem. Ela é quem agradecia por lhe permitirem fazer aquela obra de caridade que, como dizia, ajudaria a pagar a multidão de seus pecados.

Não querendo chamar sobre si a atenção dos outros, contratou duas mulheres que, semana uma, semana outra, batiam à porta do mosteiro para pedir alguma esmola. Aquilo que lhes era dado, como pão e queijo, elas levavam a nossa santa que se deleitava com essa refeição. Em troca dava para as duas pobres mendigas sua própria refeição.

13 | Paciência

Ao lado da humildade caminhava a paciência de nossa santa. E não foram poucas suas tribulações. Nada, porém, a tirava de sua habitual serenidade. Enfrentava tudo com uma fortaleza de espírito admirável. Não perdia a calma respondendo asperamente ou com dureza a ninguém. A todos mostrava-se afável.

Quando uma pessoa lhe causava algum desgosto muito grande, apenas ouvia de seus lábios estas palavras: "Por que fez isso? Que Deus lhe perdoe!"

Aconteceu certa vez que um dos seus criados, chamado Chualislau, perdeu três lindos copos de prata. Ela não maltratou nem recriminou o pobre homem. Mas docemente lhe disse:

– Vá e procure bem; quem sabe você os encontra. "Não foi por descuido que você os perdeu..."

Falou isto com tanta modéstia que parecia mais ela ser a culpada do que o criado. O homem não se molestou. Mais tarde Chualislau mesmo confessou que realmente fora pura negligência de sua parte ter dado grande prejuízo à sua senhora.

PACIENTE NAS DESGRAÇAS

Edwiges mostrava sempre um rosto imperturbável mesmo nas grandes calamidades. A paciência desta santa vencia todas as vicissitudes contrárias.

Quando lhe chegou a notícia de que seu marido, o duque Henrique, fora feito prisioneiro e estava gravemente ferido em poder do duque Conrado, com toda a mansidão e tranquilidade respondeu:

– Espero que o Senhor Deus logo o libertará e ele conseguirá a cura de suas feridas.

Foi o que aconteceu. Embora muitos a aconselhassem a recorrer às armas contra o inimigo, que não queria libertar seu marido, apesar dos conselhos e pedidos, ela recusou-se. A serva de Deus tinha horror de ver sangue derramado pelas lutas entre cristãos. Por isso expôs-se a tudo. Pessoalmente apresentou-se diante de quem mantinha preso seu marido. Conrado, ao ver diante de si a santa mulher, tinha a impressão de estar vendo a figura majestosa de um anjo. Aquele homem valente ficou tomado de pavor e tremeu. Sua inflexibilidade em não querer soltar o prisioneiro cedeu. Concordou em soltá-lo sem nem exigir resgate.

Não se ensoberbeceu com a vitória contra o inimigo de seu marido. Humildemente atribuiu tudo a Deus. Ela fora apenas um instrumento em suas mãos. A mesma serenidade que mostrara quando lhe anunciaram a desgraça, essa mesma serenidade mostrava agora na hora do triunfo.

PACIÊNCIA NA MORTE DO MARIDO

Há outros exemplos maravilhosos na vida desta mulher. Alguns anos depois de seu marido ter sido libertado do cativeiro, ele veio a falecer. As monjas do mosteiro de Trebnitz estavam desconsoladas. Henrique fundara para elas o mosteiro. Era seu principal benfeitor. Sempre fora grande amigo das irmãs. Elas o amavam verdadeiramente. Por isso, quando a notícia da morte de Henrique foi confirmada com a chegada de um mensageiro, o pranto foi geral naquela casa. Choravam as pobres monjas inconsolavelmente. Vendo-as em tal estado de quase desespero, Edwiges falou-lhes:

– Por que estão perturbadas? Por que não aceitar a vontade de Deus? Isso não convém a vocês, caríssimas! O Criador pode dispor como lhe apraz sobre suas criaturas. Sua Providência sobre nós deve servir-nos de consolo!

PACIÊNCIA NA MORTE DO FILHO

A mesma coisa aconteceu quando recebeu a notícia da morte de seu filho Henrique. Esse seu filho querido fora morto numa batalha contra os tártaros. Sem derramar uma gota sequer de lágrimas, sem qualquer sinal exterior da grande dor que dilacerava seu coração, consolava a abadessa de Trebnitz, sua filha, tinha palavras de conforto para com sua nora Ana, esposa de Henrique. As duas estavam como que arrasadas pela infausta notícia. Edwiges aproximou-se delas, dizendo-lhes:

– Não chorem, minhas filhas! Sei que a dor de vocês é imensa. Eu também tenho o coração estraçalhado pela dor. Mas é a vontade de Deus. Devemos aceitar o que Deus quer ou permite.

E nesse mesmo instante, elevando os olhos aos céus, prorrompeu num canto de ação de graças, exclamando: "Graças te dou, Senhor, por me teres dado tal filho! Enquanto viveu sempre me foi querido. Sempre me amou e honrou. Nunca me deu qualquer desgosto. Embora muito o quisesse comigo nesta terra, entrego-o nas tuas mãos nos céus. Espero que, pelo seu sangue derramado, ele esteja contigo na pátria celeste. Senhor Deus, encomendo-te ardentemente a alma deste meu filho!"

Seus exemplos de humildade e paciência eram sinais evidentes de sua santidade. Dons de Deus com os quais ela edificava o próximo. Edwiges foi humilde e paciente tanto na prosperidade como nas desgraças.

14 | Austeridade de vida

Percebe-se que não é fácil compreender certas passagens da vida de Santa Edwiges. Nossos conceitos são outros, como são outros nossos modos de pensar. Muita coisa até poderá parecer ridícula em nossos dias. Provavelmente para muitos santos tudo isso era de inspiração divina e tais atitudes ajudaram-nos no caminho da santidade.

Precisamos discernir bem as coisas. Nem tudo o que foi bom para ela poderia ser bom para nós hoje. Certos exageros, diria assim, poderiam ser-nos prejudiciais, mesmo porque os santos são às vezes exagerados. Como foi dito anteriormente, chamamos novamente a atenção do leitor agora. Edwiges viveu na Idade Média. A espiritualidade, a vida ascética, a visão do mundo e da vida não são as de nosso tempo.

Mas não resta dúvida de que a essência de sua espiritualidade, de suas virtudes servem de base para nossa espiritualidade e vida cristã. Tendo isso bem na mente, vejamos agora uma outra faceta da vida de nossa santa.

JEJUM E ABSTINÊNCIA

Santa Edwiges foi muito austera e penitente. Não mortificava somente o espírito, mas mortificava duramente seu corpo. Seus sentidos eram dominados pelas mais duras penitências. Eram quase assombrosas. Nossa santa procurava engenhosos meios para se mortificar.

Jejuns e abstinências eram dois meios que a santa usava, como ela mesma dizia, para reprimir qualquer tentativa da carne para sobrepor-se ao espírito. Pode-se dizer que jejuava quase todos os dias, menos nos dias festivos e aos domingos, quando então tomava duas refeições ao dia.

Durante quarenta anos absteve-se de comer carne. Aconselhada e até repreendida, não queria violar seu propósito. Seu irmão Ekberto, bispo de Bamberg, a quem ela muito queria, ficou uma vez muito bravo com ela. Mas de nada adiantou. Era sua convicção firme que, se não unisse à oração uma rígida penitência, não teria forças para repelir o mal e praticar o bem.

Enquanto vivia com seu marido, tinha de se assentar à mesa com os demais familiares. Ela disfarçava o mais que podia. As carnes que lhe eram servidas, ia revirando-as no prato e no fim sobravam todas. Nos dias de jejum, então, era uma verdadeira malabarista para despistar. Comia tão pouco que sempre saía da mesa ainda com fome. Tinha assim o corpo frágil, mas o espírito era forte.

Estando ela doente, o Legado Apostólico na Polônia impôs-lhe, sob obediência, que se alimentasse também com carnes. Ela obedeceu Mas foi uma penitência maior que não comer. Para fazer uma compensação, mandou que tirassem todo o sal e temperos dos alimentos.

O cardápio de Edwiges era mais ou menos esse: aos domingos e terças-feiras, provava um pouco de peixe e queijo; às segundas-feiras e sábados, só se alimentava de legumes sem tempero. Nas quartas e sextas-feiras, jejuava a pão e água.

Depois, percebendo que isto lhe fortificava o espírito, começou a comer somente verduras sem tempero com um pouco de pão. Sua bebida era apenas água morna. Aos domingos e dias festivos, porém, por ordem do bispo, comia um pouco de peixe e queijo, bebendo nessas ocasiões um pouquinho de cerveja.

No tempo do advento, na quaresma e nas vigílias das grandes festas cristãs, jejuava a pão e água somente. Para tornar pior ainda a refeição, punha cinzas na comida. Gostava de usar um tempero especial: temperava sua refeição com ervas amarguíssimas. O que lhe sobrava nos pratos nem os gatos aguentavam comer.

A natureza costuma cobrar também seu tributo quando se vê violentada demais. Um dia ela sentiu-se por demais enfraquecida. Tantas foram as pressões que amigas lhe fizeram que, por fim, concordou em acrescentar alguma coisa ao seu pobre cardápio. Passou a alimentar-se com legumes cozidos e farinha cozida na cerveja. Mas apenas recuperou-se, voltou novamente para o mesmo teor de vida.

Perguntada um dia por que jejuava tão duramente nas vigílias dos grandes santos, ela candidamente respondeu:

– Os santos são necessários para nós. Para que nos ajudem e venham em nosso auxílio na hora de nossa morte. Por isso devemos venerá-los. Além disso constata-se que pelo jejum corporal os vícios são reprimidos, o espírito elevado e as virtudes mais facilmente praticadas. Por isso também julgo necessário mortificar minha carne pela penitência.

Alguns jovens da nobreza certo dia comentavam entre si: "Deus nos livre de pertencer à casa de nossa duquesa! Ela só come pão e água". Diziam isso não porque julgassem a duquesa uma sovina, mas admirados da rígida penitência que ela praticava.

Ela foi acusada perante o marido de só beber água morna. Henrique ficou indignado porque julgava isso um exagero e Edwiges nesse tempo não estava bem de saúde. O marido atribuía o mal ao fato de ela não tomar nem um pouco de vinho. Pediu encarecidamente que nas refeições tomasse pelo menos um cálice. Mas nada. O mordomo acusou-a ao marido dizendo que ela não tomava outra bebida senão água.

Querendo refrear tal exagero, o marido um dia chegou de improviso ao local onde Edwiges estava tomando sua frugal refeição. Pegou o copo que estava na frente dela, cheio de água, e levou-o à boca. Mas que coisa admirável! Sentiu o sabor do melhor vinho do seu ducado. Aquilo que fora água tornara-se um gostoso vinho.

Henrique mandou chamar o acusador e disse-lhe irado:

– Deveria arrancar-lhe os olhos e a língua por causa de sua mentira...

Ele não sabia que aquilo fora feito pelo Senhor em favor de sua serva. Os empregados também estavam maravilhados, pois sabiam muito bem que tinham despejado no copo pura água e não vinho.

Curiosos, assim que o duque saiu, foram experimentar o que sobrara e constataram que Deus realmente realizara um milagre em favor de sua santa querida.

Era um fato admirável que uma mulherzinha, alimentando-se tão mal e tão pouco, não morresse de fome. É admirável também haver tanta energia num corpo tão frágil. Era por si só um milagre.

Seu confessor era um homem muito austero. Era sabido que praticava duras penitências. Era um digno imitador dos monges do deserto. Mas também ele achava que eram por demais as penitências, sobretudo a minguada refeição que

Edwiges tomava. Certo dia ele chamou a atenção da santa sobre isso. Ela muito singelamente respondeu-lhe:

– Como aquilo que me é suficiente.

PENITENTE ATÉ NAS VESTES

E sua penitência quanto ao modo de se vestir? Mereceria um capítulo à parte. Ela, que vivia num palácio onde as madames primavam pelo luxo nas vestes e nos adornos, onde a elegância das duquesas, marquesas e princesas fazia época e marcava ponto diante dos olhos de seus maridos ou admiradores, dos cavalheiros que quebravam lanças para conquistar suas simpatias, Edwiges era de uma sobriedade ímpar.

Além de deixar de lado tudo quanto transpirasse vaidade, pouco se agasalhava no tempo do duro inverno polonês. As vestes de finos tecidos, os casacos de finas peles, ela nem os queria ver. Usava a mesma túnica e o mesmo manto, tanto no inverno como no verão. Assim cobria seu corpo macilento. Dava pena ver no inverno aquele corpo gelado, macerado pelos jejuns e penitências, tão pouco protegido.

Quando lhe pediam que se agasalhasse melhor, respondia de bom humor:

– Fiquem tranquilos. Quando for necessário farei o que pedem.

... E CALÇADOS

Andar descalça, naqueles pavimentos frios, era realmente um martírio. Edwiges parecia nem sentir. Um seu biógrafo disse: "Parece que o calor do Amor de Deus aquece-a a tal ponto que aquele corpo mirrado está envolto num fogo aceso dentro do seu coração. Até parece que faz arder os lugares onde ela pisa".

Na igreja ela permanecia descalça e de joelhos o tempo todo de suas prolongadas orações. Aconteceu que, em certo dia de grande frio, no inverno, Edwiges prolongou por mais tempo ainda suas devoções. Uma criada que a acompanhava estava quase morrendo enregelada. Não aguentando mais, aproximou-se da santa e queixou-se do intenso frio que estava sentindo. Afastando-se um pouquinho, Edwiges cedeu seu lugar. Colocando a criada os pés onde Edwiges tivera os seus, sentiu um grande calor que começou a invadir-lhe o corpo todo.

Pelas ruas e caminhos pedregosos andava no frio e na neve com os pés descalços, levando os sapatos sob o braço. Não usava meias, somente sapatos muitos simples. Calçava-os apenas quando tinha audiência com pessoas importantes. Assim que elas saíam, tirava-os imediatamente. Não gostava de aparecer aos olhos dos homens. Bastava-lhe que Deus somente conhecesse suas mortificações.

Certa vez foi calçada até a igreja. Lá chegada, tirou os calçados e deixou-se ficar no frio pavimento. Percebendo que estava sendo observada pelos olhos de um curioso, discretamente puxou o manto cobrindo os pés. Temia que fossem contar a seu marido e ele acabasse lhe proibindo tais penitências.

Certa ocasião ela estava andando descalça e apareceu de improviso o duque, seu marido. Mesmo tendo os sapatos debaixo dos braços, não teve tempo de calçá-los. Parece até que aconteceu um milagre. Tendo seu marido chegado perto dela, viu Edwiges calçada.

Também se conta que certo dia, por esquecimento ou negligência, aqueles que lhe seguravam os sapatos, deixaram-nos cair. Os familiares ou criadas que vinham atrás encontraram-nos e os devolveram à santa. Mas ela tranquilamente continuou seu caminho descalça mesmo.

MARTIRIZAVA SEU POBRE CORPO

Por andar assim, sempre sem sapatos nos pés, através das ruas e caminhos pedregosos, seus calcanhares eram duros e rachados. Conforme testemunho da monja Juliana, do mosteiro de Trebnitz, poder-se-ia colocar um dedo nessas rachaduras.

Numa Quinta-Feira Santa, conforme os costumes nos mosteiros, a abadessa Gertrudes, filha de Santa Edwiges, começou a lavar os pés de todas as

Irmãs. Gertrudes ia lavando e enxugando os pés de uma por uma das Irmãs. Chegou até onde estava sua mãe. Edwiges pediu-lhe que não lhe lavasse os pés, mas que lhe permitisse lavar os pés das irmãs restantes. Mesmo diante da recusa, Gertrudes ficou parada em frente de sua mãe. Percebendo Edwiges a piedosa pertinácia de sua filha e vencida pelos rogos desta, deixou-a lavar seus pés. A Irmã Juliana, que carregava a bacia com água, viu em que situação estavam os pés e calcanhares da santa. Deles escorria um líquido sanguíneo que ia marcando seus passos na terra ou na neve.

Não usando luvas no rigoroso inverno, suas mãos também estavam todas rachadas. E dessas feridas abertas corria também sangue.

Embora ela, por modéstia, procurasse esconder isso de todos os modos, mesmo assim os criados percebiam que a água com que lavava as mãos, ou os pés, ficava rosada pelo sangue das feridas.

Nossa santa procurava imitar a Paixão de Cristo martirizando também seu pobre corpo. Usava sobre as carnes uma espécie de camisa feita de crinas de animais. Colocava esse instrumento de penitência sob as vestes, diretamente sobre o corpo. Isso a incomodava dia e noite. Pediu que lhe tecessem uma grossa corda de crinas, cheia de nós. Trazia essa corda envolta na cintura. A aspereza desses objetos incomodava mais do que insetos passeando sobre a pele. Além do incômodo, tais objetos provocavam ferimentos no corpo.

Um dia, um senhor muito piedoso, da Ordem dos Templários, apareceu no palácio. Trazia bem embrulhado um presente. Nessa ocasião, Ana, nora de Edwiges, estava presente. Na sua simplicidade o religioso entregou o presente para Ana. Não estando Edwiges no momento, Ana, que tinha muita intimidade com a sogra, abriu o embrulho. Ficou horrorizada quando viu o que continha. Era uma larga faixa tecida rudemente de crina, mas tão áspera que só ao se passar a mão por cima dava arrepios no corpo. Isso somente serviria para lacerar ainda mais o pobre corpo da santa.

Nervosa, começou a repreender o pobre homem que presenteara sua senhora com tal objeto. Nesse momento Edwiges estava chegando e ouviu as recriminações de sua nora. O pobre homem, de cabeça baixa, ouvia tudo calado. Edwiges veio-lhe em socorro. Suavemente disse a Ana:

– Minha filha, não repreenda esse homem. Vejamos nisso a vontade de Deus. Se não fosse da vontade dele que eu usasse essa faixa, Ele não teria permitido que esse bom homem viesse para me trazer tal presente. E se Ele permitiu é sinal que não irá me causar mal algum.

Mais tarde a história foi desvendada. Um cilício semelhante que Edwiges costumava trazer sempre em volta do corpo, pelo constante uso, estava se desfazendo todo. E o novo, que lhe era oferecido, ela o considerava como um presente de Deus.

Ana, julgando que isso ia minando todas as forças de Edwiges e para salvar o que ainda restava de vitalidade naquele frágil corpo, pediu a seu irmão Herbordo, confessor de Edwiges, que lhe proibisse tal mortificação; que mandasse jogar fora tal cilício e usasse uma túnica mais macia.

O prudente confessor precisou usar toda uma estratégia para convencer a santa de se abster de tais instrumentos de verdadeira tortura. Vendo que o confessor estava lhe dando uma ordem, Edwiges inclinou a cabeça e com grande humildade obedeceu. Queixava-se, porém, dizendo:

– Minha filha, que Deus lhe perdoe isso que você me fez...

Ela estava certa que assim devia tratar seu pobre corpo. Apesar dos conselhos e pedidos dos familiares, não se afastava desses atos de penitência. Por isso seu filho Henrique, preocupado com a saúde da mãe e compadecendo-se dela, lastimando-se dizia:

– Não consigo convencer minha mãe para que mitigue um pouco seus atos de penitência e poupe assim sua saúde.

Ela não recusou seu leito, preparado como convinha a uma duquesa. Mas ele ficava sempre intacto. Dormia sobre duras tábuas, ou no chão, quando vencida pelo cansaço o sono apoderava-se dela.

Já alquebrada em sua saúde, ou quando estava por demais extenuada pelas longas horas de oração, deitava-se sobre um estrado coberto com sacos. Nunca aceitava finos lençóis ou colchas.

Usava uma dura disciplina para flagelar o corpo. Não contente de ela mesma fazer correr o sangue de seu corpo, pedia às vezes que suas amigas mais íntimas lhe batessem com a disciplina até ao sangue.

No tempo da quaresma, nossa santa procurava imitar a paixão do Senhor sofrendo tudo o que Cristo sofreu nos momentos dolorosos da Sexta-Feira Santa. Os jejuns tornavam-se mais rigorosos; a sede fazia com que sua língua e sua boca ficassem como lixa; suas carnes eram dilaceradas pelos açoites com a disciplina; os cilícios mais agudos martirizavam seu corpo. Nas sextas-feiras do ano, nas vigílias das grandes festas, repetiam-se os mesmos rituais de mortificação.

Embora Edwiges procurasse ocultar aos olhos dos homens sua vida austera e mortificada, não o conseguia por completo. Encerrada em sua pequena cela, mesmo com a porta fechada, podia-se ouvir de longe a violência dos golpes que aplicava em si mesma. Mais tarde tudo isso foi revelado no processo de canonização de Edwiges.

A Irmã Vitória, monja do mosteiro de Trebnitz, muitas vezes, a pedido da santa, flagelou-a. Foi ela quem principalmente revelou tudo perante as autoridades eclesiásticas encarregadas do processo.

Ana, sua nora, depôs também. Ela afirmou perante tais autoridades que nunca vira coisa semelhante. De todas as vidas de santos penitentes que lera, jamais encontrou quem superasse sua sogra na penitência e mortificação do corpo.

MORTIFICAVA OS SENTIDOS

Zelosa de sua castidade, Edwiges mortificada os sentidos da vista. Sempre de olhos baixos, evitava olhar para as pessoas. Nunca queria estar sozinha com pessoas de outro sexo. Nas visitas que fazia aos enfermos, fazia-se sempre acompanhar de algumas criadas.

Mortificava sua língua. Nunca alguém ouviu de seus lábios a menor referência descaridosa ao próximo. Mas tudo ela desculpava ou atenuava os fatos quando estes lhe eram relatados.

De sua boca só saíam louvores a Deus e ao próximo. E como diz o apóstolo São Tiago que quem não peca pela língua é santo, podemos afirmar que realmente ela era santa também nesse aspecto.

15 | Vida de oração e devoção

Um grande santo que viveu cinco séculos depois de Santa Edwiges fez uma declaração importante para qualquer cristão. Foi Santo Afonso Maria de Ligório, Doutor da Igreja, Fundador da Congregação dos Missionários Redentoristas. Esse santo homem, missionário que lidou com milhares de almas, foi também grande escritor. Deixou-nos mais de uma centena de livros. Escreveu a sua Teologia Moral, verdadeiro monumento sobre a Moral cristã, que fez com que não só fosse declarado Doutor da Igreja, mas Patrono dos Moralistas e Confessores, e escreveu também um pequeno livro. Pequeno em tamanho, mas grande pelo seu conteúdo. Deu-lhe o título: "Tratado do Grande Meio da Oração". Apesar de ter escrito obras de vulto como sua Teologia Moral, Afonso dizia que não trocaria o livro sobre a Oração por nenhuma obra sua. Ele começa esse livrete com uma frase simples, mas com um significado imenso: "Quem reza se salva. Quem não reza se condena".[2]

---

2   Traduzido para o português com o título de: *A Oração* (Editora Santuário).

Para o homem a oração é necessária. Quem reza se salva, porque obterá de Deus as graças necessárias para a salvação. Quem não reza, fecha esses canais de graças e por si só o homem nada pode.

Os santos entenderam sempre assim. Seguindo o próprio exemplo de Jesus que rezava ao Pai, os santos compreenderam o valor da oração. Jesus rezava com sua comunidade nas sinagogas. Certamente deve ter rezado muito em família, na casa de seus pais José e Maria. Jesus rezou no templo. E os Evangelhos relatam a vida de oração do Mestre. Depois das canseiras do dia, depois das longas caminhadas pelas poeirentas estradas da Palestina, à noite Jesus retirava-se para orar sozinho.

Nos montes, sob alguma árvore ou nos vales, podia-se ver a figura de Jesus de joelhos rezando. Era o momento no qual se punha em conta com seu Pai nos céus.

Edwiges foi uma mulher de muita oração. Entendeu bem a recomendação de Jesus: "É preciso rezar sempre". Por isso era assídua na oração, podendo-se mesmo dizer que toda a sua vida era uma contínua oração. Cumpria o preceito do Apóstolo São Paulo: "Quer comais, quer bebais, fazei tudo em nome de Jesus".

Nos afazeres de dona de casa, nos encargos como duquesa, nas reuniões sociais, onde quer que estivesse, tinha sempre o espírito voltado para Deus.

Com o decorrer do tempo, crescendo sempre mais em santidade, foi intensificando sua vida de oração e meditação. Emendava os dias às noites e muitas vezes as noites viam o dia amanhecer e ela lá estava em pleno colóquio com Deus. As madrugadas surpreendiam-na de joelhos em fervorosas preces.

Quantas vezes as companheiras, que com ela iam às igrejas, adormeciam vencidas pelo cansaço. Quando acordavam encontravam sua senhora na mesma posição de preces.

Seus familiares, no palácio, retiravam-se altas horas para o repouso, deixando-a na capela doméstica. De manhã, quando despertavam já refeitos pelo sono, encontravam a santa de joelhos no mesmo lugar. Quando a acompanhavam até seu quarto, supunham que se recolhesse ao duro leito. Mas de manhãzinha percebiam que ela passara o resto da noite ao lado da cama em meditação.

Repousava um pouco e novamente punha-se a rezar até que o sol aparecesse no horizonte. Convidava então todas as pessoas que louvassem com ela o Criador. Depois dirigia-se para a igreja para assistir à santa missa.

Nunca era vista ociosa. Locomovendo-se de um lado para outro, seus lábios moviam-se em fervorosas preces ao seu Deus. Sentada à mesa para suas parcas refeições, pedia que as Sagradas

Escrituras fossem lidas antes de começar a comer. Queria que enquanto o corpo se alimentasse com o alimento material, o espírito se refizesse com o alimento da palavra divina.

Tão atraída sentia-se pelas palavras da Bíblia que até se esquecia de levar o alimento à boca e mesmo de mastigá-lo.

Assim essa piedosa mulher bendizia a Deus em todo o tempo e seu louvor estava sempre em sua boca.

DESLIGADA DA TERRA

Aconteceu certa vez que, enquanto estava absorta em suas orações num de seus aposentos, um dos seus ministros chamado Boguslau de Sauon achegou-se perto dela. Edwiges tinha-o encarregado de distribuir a comida da cozinha do palácio para os pobres. Foi à procura da panela onde a santa mandava aquecer-lhe a água que costumava tomar. Dirigiu-se para o aposento da santa para buscá-la. Edwiges estava de joelhos, rezando. O homem quase soltou um grito de pavor. Ela estava rodeada de luz. Parecia que não se apoiava no solo. Os braços levantados para o alto, os olhos fixos para cima, não percebia nada do que se passava em seu redor. As pernas de Boguslau tremiam diante desse quadro. Quis retirar-se depressa. Nesse instante ouviu uma voz que o chamava. Como se nada de anormal tivesse se passado, Edwiges mostrou-lhe a panela.

Mais que rápido Boguslau apanhou-a e saiu todo trêmulo daquele local. Parecia que uma luz mais brilhante que a do sol cegava-o completamente. Força alguma, desde então, o fazia entrar naqueles aposentos quando sua senhora se achava aí em oração.

Depondo mais tarde no processo de canonização, o homem se recordava desse fato com todos os pormenores. Afirmou tudo, dizendo que era uma luz tão estranha, tão linda que rodeava a santa, que o quarto todo estava inundado de uma claridade imensa. Aquilo não parecia coisa deste mundo.

Nas igrejas, enquanto participava dos Ofícios Divinos, procurava nossa santa ocultar-se sob o espesso véu que trazia na cabeça. Assim velada orava e chorava copiosamente. Numa dessas ocasiões, sua nora Ana, estando perto dela, quando chegou a hora de se dar o beijo da paz, viu seus olhos vermelhos pelo pranto e suas faces molhadas pelas lágrimas. Durante as orações, suas faces mudavam de colorido. Seu rosto ora tornava-se corado, ora pálido como a neve. Ana percebia essas transformações no rosto de sua sogra. Às vezes dava a impressão de que já não era um rosto humano, mas o rosto angelical.

Ana e também o confessor de Edwiges mais vezes viram-na, durante a oração, completamente fora de si. Caía em profundo êxtase, tornando--se insensível a tudo quanto a cercava.

Havia um soldado chamado Cosme que fazia parte da guarda da duquesa. Era um soldado piedoso e muito devotado à sua senhora. Ele dizia:

– Muitas vezes, quando minha senhora está em oração, eu preciso ir até onde ela está para algum negócio. Fico parado à sua frente bastante tempo e ela nem percebe minha presença. Só depois de longo tempo ela volta a si...

Com muita facilidade ela se transportava das coisas visíveis para as invisíveis. Muitas vezes elevava os olhos para o firmamento e, vendo as estrelas brilharem, ardia seu coração pelas luzes dos céus onde esperava um dia chegar. E parecia então que até as luzes do firmamento penetravam seu interior, fazendo com que seu exterior também irradiasse a luz dos astros.

Admirável era o respeito que tinha pelas coisas sagradas. Nas igrejas mantinha um respeito imenso pela casa de Deus. Durante as Missas ou Ofício Divino, jamais conversava com alguém, a não ser por estrita necessidade. Julgava ser indecente conversar com os homens no momento e no lugar onde só se devia conversar com Deus.

Mesmo procurando ocultar toda devoção que lhe ia no íntimo da alma, para não aparecer aos olhos dos homens, muitas vezes escapavam-lhe do coração ardentes suspiros do amor que a cn volvia. Apesar de todo esse rigor e de suas devoções, nada havia de afetado nela.

A MISSA ERA O CENTRO DE SUA VIDA

Edwiges procurava os lugares mais secretos e isolados para fazer suas orações particulares. Mas, não estando impedida por qualquer motivo, preferia ir às igrejas públicas para participar com os outros das orações. O convento das monjas era o seu lugar preferido. A Missa cantada e o Ofício Divino constituíam o ponto alto de sua devoção. Ela evitava que a Missa ou o Ofício Divino fossem celebrados na capela do palácio ou em seus aposentos, como o faziam muitos da nobreza.

Bem de manhã, quando o sol ainda não tinha despontado, dirigia-se para a igreja a fim de participar da Santa Missa. À tarde tomava parte nas Vésperas e em outros momentos de oração e ação de graças a Deus.

Assim que era dado o sinal pela manhã, reunia sua família e dirigia-se com ela para a igreja. E isso diariamente; fizesse frio ou calor, estivesse bom o tempo ou chovesse, a nobre duquesa encaminhava-se para seu encontro com Deus. Somente grave doença impedia-a de realizar sua grande devoção.

Enquanto houvesse sacerdotes presentes para celebrar missas, ela participava de todas, de joelhos ou apoiada sobre as mãos no piso da igreja. Assim prostrada beijava o solo com muita reverência.

Sempre que apareciam sacerdotes no palácio, quer diocesanos, quer religiosos, nunca podiam ir embora sem antes celebrar uma missa em sua presença.

E se, apesar do grande número de sacerdotes da cidade, por pouco caso ou desleixo, poucas missas fossem celebradas, ela chamava sacerdotes de outros lugares para que os fiéis e ela mesma pudessem participar de mais missas, principalmente nos dias santificados.

Em contraste com os capelães palacianos e muitos criados que se enfastiavam com tantas missas, ela ficava doente quando poucas missas eram celebradas. Por isso, certo padre compôs uns versinhos a seu respeito.

"Não se contenta com uma só missa,
Nossa piedosa e santa duquesa.
Quantos padres estiverem presentes,
Tantas missas assistirá com certeza."

Aconteceu um fato até pitoresco certa ocasião. Desejando ela participar de mais missas certo dia, mandou seu capelão de nome Martinho chamar algum padre para lhe celebrar a missa. Ele não teve coragem de desobedecer-lhe a ordem. Mas também não estava lá muito entusiasmado em cumprir a ordem de sua senhora. Encontrou-

-se por acaso com um irmão leigo que se dirigia justamente naquela hora em direção ao palácio para negócios. Tomando-o consigo apresentou-o à santa. Edwiges, cheia de simplicidade, julgando que ele fosse padre, não só por causa do hábito que o homem trazia, mas também confundindo a acentuada calvície com a tonsura clerical, pediu-lhe encarecidamente que celebrasse a missa. O espanto do pobre homem foi grande. Gaguejando respondeu-lhe que não era padre, mas irmão leigo e que nem sabia ler. Edwiges, percebendo o engano, pediu-lhe perdão. Desculpou-se com o homem dizendo-lhe que não estava caçoando com ele e que fizera aquilo por ignorância. Depois, dirigindo-se ao capelão com mansidão, repreendeu-o:

– Perdoe-lhe Deus por ter o senhor me enganado assim.

Deste modo ela costumava repreender aqueles que a molestavam ou a faziam passar vergonha.

Edwiges tinha muito amor ao sacrifício da missa, fazendo dele o centro de toda a sua vida. Frei Herbordo, seu confessor, por isso podia afirmar:

"Ninguém seria capaz de descrever a intensidade da devoção e da fé da Bem-aventurada Edwiges para com a Santa Missa e para com o Sacramento do Corpo e Sangue de Nosso Senhor Jesus Cristo".

Por isso tinha ela também uma veneração toda especial para com os sacerdotes. Pedia-lhes que celebrassem em sua intenção muitas missas. Fazia para cada uma delas seu ofertório, estivesse presente ou não. Depois de cada missa a que assistia, ela pedia ao celebrante que impusesse as mãos sobre sua cabeça e a aspergisse com água benta. Tinha muita fé nessas sacramentais e estava certa de receber mais graças a ser aliviada de suas enfermidades. E isso realmente muitas vezes aconteceu.

Considerando altíssima a vocação sacerdotal e certa que os sacerdotes constituem a "ponte" entre os céus e a terra, julgava-os dignos de sua veneração. São eles que diariamente realizam o prodígio de fazer Cristo presente na Eucaristia, no Sacramento do Amor. Eles foram escolhidos por Cristo para serem os ministros das graças divinas através dos Sacramentos da salvação para os homens. É por isso que os tinha em grande estima e veneração. Todo o clero era para ela a porção preferida na igreja. Ajudava-os com suas orações e também com seus bens materiais.

Até os espertalhões, que fingindo serem padres recorriam a ela, recebiam da generosa senhora seus auxílios.

DEVOÇÃO COM OS SACRAMENTAIS

Assim que um sacerdote vinha de fora para tratar de negócios, ela o recebia com toda a deferência. Não o deixava partir sem antes tomar a refeição com ela. Mas antes pedia-lhe que celebrasse uma missa para ela.

Indo à mesa, não se assentava antes do sacerdote. Pedia-lhe que abençoasse os alimentos e depois que ele tivesse se assentado, ela sentava-se também.

Edwiges tinha um grande pavor de raios e tempestades. Quando os raios cortavam os céus e ribombavam os trovões, ela tremia toda. Recordava-se do Juízo Final e vinha-lhe à memória o terrível dia de acerto de contas com o Juiz Supremo. Enquanto durasse a tempestade, ,ela ficava apavorada e tremendo. Mandava chamar um padre para impor suas mãos sobre sua cabeça como um escudo protetor. Sob a sombra protetora dessas mãos sentia-se segura. Durante esse tempo de tempestade permanecia de joelhos e em oração.

Terminada a tempestade beijava a mão do sacerdote e dava graças aos céus. Gostava de chamar nessas ocasiões aqueles que mais piedosamente celebravam as missas e que mais se interessavam em celebrá-las sempre.

SUA DEVOÇÃO PARA COM OS SANTOS...

A piedade de Edwiges revelava-se também na devoção aos santos. Entre todos estava, é claro, em primeiro lugar a devoção à Santíssima Mãe de Deus e nossa. Ela sempre carregava consigo uma pequena imagem de Nossa Senhora. Segurava-a nas mãos nos momentos de sua devoção para mais se afervorar. Procurava levar também outras pessoas à devoção à Santíssima Virgem Maria. Preparava-se para as festas da Mãe de Deus com todo o fervor. Nas vésperas jejuava a pão e água.

No dia das festas, levantava-se bem de madrugada e dirigia-se para a igreja. O Ofício de Nossa Senhora, cantado pelas monjas, a Santa Missa celebrada em louvor à Virgem e outras solenidades enchiam de júbilo o coração da santa.

Quando Edwiges visitava seus pobres enfermos, levava sempre consigo a pequena imagem da Virgem. Depois de se entreter santamente com cada um deles, abençoava-os com a pequena imagem. Conta-se que muitos deles recuperavam a saúde.

Sua devoção a Jesus Cristo baseava-se em duas motivações. Seu ardente amor a Jesus Sacramentado e à Paixão do Senhor. Diante do Santíssimo Sacramento, ela permanecia horas e mais horas em fervente adoração. Ao retirar-se de diante do altar do Santíssimo, voltava-se muitas vezes e lançava olhares sentidos como de quem deixa para trás a pessoa amada.

Quanto à Paixão de Cristo, nós já vimos mais atrás como ela memorizava seus sofrimentos. A quaresma toda jejuava a pão e água. Às sextas-feiras fazia o mesmo. Flagelava-se até ao sangue nesses dias. Podia-se dizer que trazia a Paixão de Cristo em seu próprio corpo. Ela bem poderia exclamar com São Paulo: "Estou pregada na Cruz com Cristo". E o símbolo da Paixão, a Cruz, era sumamente venerado por ela. Até as cruzes desenhadas no solo ela beijava reverente.

Comprava com seu dinheiro ricos paramentos para os sacerdotes, para celebrarem com todas as pompas os sagrados mistérios. Adornava as igrejas com ricas alfaias. Queria os altares sempre ricamente enfeitados. Reunia outras piedosas mulheres para juntas bordarem os paramentos de seda e ouro.

A santa duquesa venerava as relíquias dos santos. Ela possuía muitas imagens e ricos relicários. Mas não os tinha como simples enfeites. Diante deles sentia mais fervor ao invocar seus santos de devoção.

Nas vigílias das grandes festas dos santos preparava-se com grande fervor. Perguntada certa vez por que fazia tantas penitências e jejuns nesses dias, respondeu candidamente:

– Precisamos da proteção dos santos. Sua intercessão junto de Deus por nós, para obtermos as graças, é muito importante. Assim, venerando esses amigos de Deus, nós os tornamos mais propícios para que peçam por nós.

Poderíamos concluir dizendo: Edwiges foi uma mulher de muita oração. O aviso de Cristo: "é necessário rezar sempre", encontrou eco em seu coração. E ela rezou. Rezou muito. Para alguns até poderia parecer que rezou demais...

A máxima: Quem reza se salva, e quem não reza se condena, resumo feito por Santo Afonso do tratado de Santo Agostinho sobre a oração, já fora constatada por Edwiges. Ela sentia a necessidade da oração para a salvação.

E ainda mais. Para ela isso não era um fardo pesado. Como seu coração estava cheio de amor, falar com Ele, era-lhe tão agradável como para nós é conversar com as pessoas que amamos.

16 | Uma vida de amor

O Evangelista São Mateus narra-nos que, certo dia, os fariseus reuniram-se e combinaram pôr Jesus em apuros. Um deles aproximou-se e fez uma pergunta que até parecia inocente e sem malícia:

– Mestre, qual é o maior mandamento da lei?

Jesus olhou bem naquele rosto do fariseu. Leu profundamente no coração daquele homem e deu a resposta:

– Amarás o Senhor, teu Deus, com todo o teu coração, com toda a tua alma e com toda a tua mente. Este é o maior e o primeiro de todos os mandamentos.

Mas completou logo, mesmo sem ser perguntado:

– O segundo é semelhante a este. Amarás o teu próximo como a ti mesmo. Destes dois mandamentos dependem toda a Lei e os Profetas... (Mt 27,37-40).

Já vimos como Edwiges procurava amar a Deus com todo o seu coração, com toda a sua alma e com toda a sua mente.

Mas esse amor a Deus seria imperfeito se não caminhasse ao lado do segundo mandamento semelhante ao primeiro. O amor ao próximo. São João no-lo afirma quando diz: "Se alguém disser: eu amo a Deus, mas odeia seu irmão, é mentiroso, pois quem não ama a seu irmão, ao qual vê, como pode amar a Deus, que não vê?" (Jo 4,20).

Amor a Deus e amor ao próximo fundem-se em um só mandamento. É a base para toda vida cristã. Se olharmos a Oração Sacerdotal de Jesus, nos últimos instantes de sua vida entre nós, percebemos logo a grande preocupação do Senhor para que o amor ficasse como a última disposição de seu testamento: "Amai-vos uns aos outros, como eu vos tenho amado".

Edwiges empenhou-se profundamente em realizar o plano de Deus a seu respeito. A graça batismal, que fez dela uma filha de Deus, foi vivida nas suas quatro dimensões de modo extraordinário: amor a Deus, amor ao próximo, amor a si mesma e amor ao mundo.

Em cada ser humano Edwiges via a imagem e semelhança de Deus. E o anseio de Cristo: "tudo o que fizestes a um destes pequeninos, foi a mim que o fizestes" foi executado pelo coração bondoso da santa.

Tinha ela um coração muito sensível, voltado para todos os irmãos e para todas as suas necessidades. Ninguém, que dela se aproximasse, saía de mãos vazias. Ela não somente dava, mas dava por amor e com amor. Era amar a Deus na pessoa do pobre. Era ver Cristo na mão estendida daqueles que lhe pediam auxílios.

Há uma passagem no Evangelho de São Mateus, capítulo 25, dos versículos 34 em diante, que faz a gente pensar. "O Rei dirá então aos de sua direita: Vinde, benditos de meu pai, recebei em herança o Reino que vos está preparado desde a criação do mundo. Porque tive fome e me destes de comer; tive sede e me destes de beber; era peregrino e me acolhestes; estava nu e me vestistes; adoeci e me visitastes; estive na prisão e fostes me ver. Então, os santos vão responder-lhe: Quando fizemos isso, Senhor? E o Rei lhes dirá em resposta: Em verdade vos digo: Sempre que fizestes isto a um destes meus irmãos mais pequeninos a mim mesmo o fizestes.

Depois o Rei dirá aos que estiverem à sua esquerda: Afastai-vos de mim, malditos, para o fogo eterno que está preparado para o diabo e para seus anjos. Porque tive fome e não me destes de comer; tive sede e não me destes de beber; era peregrino e não me acolhestes; estava nu e não me vestistes; enfermo e na prisão e não fostes me ver. Eles também perguntarão: Quando, Senhor? E o Rei responder-lhes-á: Em verdade vos digo: "Sempre que deixastes de fazer isto a um destes meus irmãos mais pequeninos, foi a mim que o deixastes de fazer. E estes irão para o suplício eterno, e os justos para a vida eterna".

É interessante notar como nessa prestação de contas, no último dia, Jesus não nos vai perguntar tanto a quantas missas assistimos, quantos terços rezamos, quantas devoções fizemos. Mas será um ajuste muito rigoroso se falharmos na caridade, no amor ao próximo. Ele mesmo o diz em outra passagem: "Nem todos aqueles que me dizem: 'Senhor! Senhor!' entrarão no Reino dos Céus. Mas sim aquele que fizer a vontade de meu Pai que está nos céus" (Mt 7,21). E noutra passagem deste Evangelho: "E se compreendêsseis o que significa: Prefiro a misericórdia ao sacrifício..." (Mt 12,7).

Edwiges era uma mulher de muita fé. Mas tinha bem presente em sua mente que a fé sem as boas obras é uma fé morta. A carta do Apóstolo São Tiago, principalmente no capítulo 2, dos versículos 14 em diante, devia estar sempre diante de seus olhos. Sabia que um dia Jesus lhe iria dizer: "Tu tens a fé e eu tenho as obras. Mostra-me tua fé sem obras e eu te mostrarei a fé pelas minhas obras".

As lições do Evangelho foram bem aprendidas por Edwiges. Mas não lhe bastava apenas saber. Ela as punha em prática com verdadeiro amor.

Havia uma grande preocupação em nossa santa. Era a salvação de todos os homens. Por isso sua caridade era exercida, nesse terreno, com um zelo verdadeiramente apostólico. Sentia-se responsável pela salvação de seus súditos.

AMOR AOS RELIGIOSOS

Aconselhado por ela, seu marido, o duque Henrique, construiu por conta própria o mosteiro das monjas da Ordem de Cister em Trebnitz. O nobre casal gastou uma boa fortuna nessa construção. Não só foram levantados as paredes e o teto, mas este foi todo revestido com chumbo.

A construção do mosteiro e do templo, dedicados à honra de Deus Onipotente, da gloriosa Virgem Maria e de São Bartolomeu Apóstolo, durou seis anos. Durante esse tempo ela não deixou que nenhum criminoso condenado à morte fosse executado. O condenado trabalharia na construção até se emendar de seus crimes. Depois receberia o perdão. Ela temia que se não fosse dado um tempo suficiente e tais criminosos não se arrependessem, poderiam se perder eternamente.

Estando pronta a construção, o próprio Henrique, o Barbudo, a conselho de Edwiges, dotou o mosteiro com rendas suficientes para sua manutenção. E não somente para a manutenção das monjas. Eram suficientes para a manutenção de mil pessoas, entre monjas e hóspedes que procuravam o mosteiro. Edwiges queria que aquele mosteiro acolhesse os peregrinos que por lá passassem. Isso porque se lembrava das palavras de Cristo: "Eu era peregrino e me acolhestes" (Mt 25,35).

Quanto à vinda das monjas, a finalidade principal era que elas fossem os anjos em adoração permanente diante do Poderoso para suplicar pelas necessidades do povo.

Ela deixou parte das rendas de seu próprio dote de casamento para o mosteiro. Vieram morar no mosteiro, assim que ficou pronto, mais de cem monjas que, levando uma vida enclausurada, louvavam a Deus dia e noite. Foi crescendo sempre mais o número delas. E grande alegria sentiu Edwiges quando foi escolhida a primeira abadessa. Foi a Irmã Petrissa, a mesma que fora sua mestra quando ela era criança ainda e fora internada num mosteiro.

Embora o mosteiro fosse dotado de rendas suficientes para a alimentação, vestes, culto divino e outros gastos necessários, movida pelo grande amor que dedicava a essas pessoas consagradas a Deus, nossa santa estava sempre preocupada que nada lhes faltasse.

Pediu Edwiges a seu marido que doasse a alguns religiosos da Ordem dos Templários um grande prédio construído em Olsnicz. Esse prédio estava localizado em excelentes terras. Nelas havia muitas belas casas. Depois mandava-lhes polpudas esmolas. Tinha-os em grande estima.

Deseja vê-los honrados e estimados por todos. Quando eles vinham ao palácio, ia ao encontro deles, fazia festas e os fazia sentar-se perto dela à mesa para as refeições.

Para conservar a boa fama deles contra os detratores, não somente fazia com que fossem bem tratados em sua presença, mas, enquanto estivessem como hóspedes, mandava-lhes tudo o que fosse necessário e agia junto do marido para que seus negócios fossem logo resolvidos. Quando estavam de partida, às ocultas mandava colocar nas sacolas de viagem pão, peixes, queijos, frutas e outros alimentos, para que tivessem o que comer durante a longa viagem de regresso. Era uma mãe solícita com seus filhos queridos.

Além disso despendia generosas esmolas para outros mosteiros, como os que se achavam em Lubes, Henrichow, na Wlatislávia, para os mosteiros de Santa Maria, para os frades franciscanos e dominicanos.

Aquelas pessoas que, embora não fossem religiosos de alguma ordem, se vestiam com hábitos usados pelos religiosos, eram assistidas com esmolas pela duquesa.

Parecia até que Edwiges tinha sempre a lhe soar nos ouvidos as palavras do Senhor no dia do Juízo Final: "Todas as vezes que fizestes isto a um desses pequeninos que creem em mim, foi a mim que o fizestes" (Mt 25,40).

AMOR AOS LEPROSOS

Quanta caridade e amor tinha pelos hansenianos. Algumas mulheres, vítimas do mal de Hansen, moravam juntas perto da cidade que se chamava Novo Foro. Edwiges cuidava delas. Todas as semanas dava-lhes dinheiro, carne e farinha. Providenciava que nada lhes faltasse em vestes e outras coisas necessárias para a vida. Estimava-as como se fossem suas filhas especiais.

Quantas vezes a santa lavou as chagas purulentas dessas pobres vítimas do mal. Não tinha medo. O amor falava mais alto que o receio da própria doença. Lavava as chagas, enxugava-as. Mandava dar-lhes roupas novas. Mandava também que abastecessem fartamente suas sacolas. Seu amor por eles manifestava-se principalmente nas palavras de conforto que lhes dirigia.

AMOR AOS POBRES ENFERMOS

Nem tudo eram flores no ducado da Silésia e Polônia. Havia muita miséria entre o povo. Isto afligia o coração bondoso de nossa santa. Por isso fazia tudo quanto lhe fosse possível para aliviar, pelo menos um pouco, tantos sofrimentos.

Os pobres e os enfermos preocupavam-na constantemente. Passava à noite pelos quartos das empregadas e examinava os calçados delas. Se os encontrava rotos, chamava a atenção da dona e mandava-os para o conserto. Por causa do grande frio que fazia, as pobres criadas iriam sofrer muito não estando com os pés bem protegidos.

Estando uma Irmã doente no mosteiro, Edwiges dirigia-se para lá diariamente. Punha-se de joelhos ao lado da cama. Consolava a enferma e levava-lhe tudo quanto ela precisava.

Nunca se afastava do lado de um enfermo. Depois de dar-lhe alguma esmola, saía com o coração um pouco mais aliviado.

Visitava pessoalmente os enfermos de sua família. Mandava médicos para eles; providenciava os remédios. Ficava muito preocupada com seus males, como uma verdadeira mãe. Lembrada das palavras de Cristo: "Estive doente e me visitastes" (Mt 25,36), nunca deixou de visitar algum doente, sobretudo se essa pessoa fosse pobre. Durante suas saídas do palácio ou viagens, se soubesse que havia algum enfermo naqueles lugares, abandonava a estrada e ia visitá-lo.

Quando por causa da grande distância não podia ir pessoalmente, mandava alguém do palácio, com dinheiro, para socorrer o pobre doente. Quanto mais miseráveis fossem aqueles enfermos, mais ela os consolava e socorria.

As mulheres pobres que acabavam de dar à luz seus filhos eram visitadas por Edwiges, que lhes levava tudo para seu maior conforto.

AMOR AOS PRISIONEIROS

Embora não lhe fosse permitido visitar pessoalmente os pobres encarcerados, não se esquecia deles, procurando ajudá-los. Sempre soava em seus ouvidos o que Deus pronunciará no último dia: "Estive preso e fostes me visitar" (Mt 25,36). Por isso, não podendo visitá-los pessoalmente, enviava através de outras pessoas de sua casa alimentos, bebidas, agasalhos para que não sofressem frio nas geladas prisões.

Muitas vezes esses pobres prisioneiros tinham as roupas apodrecendo no próprio corpo. Edwiges providenciava para que tivessem roupas limpas tanto para o corpo como para a cama.

As prisões eram escuras. Nossa santa fazia chegar até lá velas e tochas, para que aqueles horrorosos lugares fossem um pouco iluminados.

Edwiges subia cada dia mais a montanha da santidade. E sua caridade também era cada vez maior. Pobres, enfermos e encarcerados sentiam em suas próprias pessoas o amor do coração desta santa. Mas, conforme o espírito evangélico, isso ainda não é tudo. Há uma ordem do Senhor que mexe um pouco com nossa pobre natureza humana. O amor não pode ter fronteiras. Não é só fazer o bem às pessoas que nos são simpáticas, mas amar até nossos inimigos. "Se teu inimigo tem fome, dá-lhe de comer; se tem sede, dá-lhe de beber."

Parece que Edwiges não sentia dificuldade no cumprimento desse mandamento do Senhor. Seu coração bondoso compadecia-se com a sorte dos inimigos. Esses inimigos ou adversários de seu marido muitas vezes eram encarcerados. Eles também não ficavam sem receber o conforto. Procurava não lhes deixar faltar o necessário.

Ela não se interessava só materialmente por essas pessoas. Intercedia para que experimentassem a alegria da liberdade. Também por aqueles que caíram no desagrado do duque, seu marido, intercedia para que voltassem às boas graças dele. De joelhos e derramando lágrimas, humilhando-se perante o esposo, pedia por eles até ser atendida. Nunca deixou de consolar os tristes e aflitos, nem faltou com seus auxílios para os necessitados.

Os condenados à morte ou castigados por outras espécies de tormentos por causa de seus desmandos, muitas vezes eram livres pela intercessão de Edwiges.

Certo clérigo gaulês cometera um crime de sacrilégio horrendo. O juiz sentenciou-o à pena de morte. A duquesa deixou-se comover profundamente pela sorte do infeliz. Ele, um eleito do Senhor, ser condenado a uma morte infame! Fez tudo para livrá-lo da morte. Apesar do crime, Edwiges julgava-o digno de toda veneração. Pediu, suplicou e rezou pelo infeliz. Conseguiu assim livrá-lo da sentença fatal. Depois empenhou-se com toda a sua alma pela conversão do desgraçado.

AMOR ÀS VIÚVAS E AOS ÓRFÃOS

Era uma mãe para os pobres. Sua caridade levava-a a se compadecer das viúvas e órfãos de um modo todo especial. Foi de todos esses infelizes a grande consoladora. Quando se fazia necessário, agia em favor deles perante seu marido, como advogada de suas causas e necessidades. Tinha junto de si muitas meninas órfãs. Cuidava delas movida pela sua maternal solicitude. Quando mais crescidas, aquelas que se sentiam chamadas para a vida religiosa, eram por ela encaminhadas para os conventos; para as outras providenciava um bom casamento.

AMOR AOS POBRES

Os pobres seguiam-na por onde quer que ela fosse. Nem a deixavam sozinha nas igrejas. Por isso, quando para lá se dirigia, sempre tinha consigo uma boa soma de dinheiro que era distribuído aos pobres que pediam a ela. Alguns de seus familiares que a acompanhavam não viam isso com bons olhos. Repeliam os pobres que procuravam sempre se aproximar dela na certeza de receberem alguma esmola. Edwiges censurava seus fâmulos que assim a impediam de ser misericordiosa com esses pobres coitados.

Certa vez ela demorou-se mais tempo que de costume diante do altar que mandara erguer em seus aposentos. Os mendigos, do lado de fora, aguardavam sua vinda para receberem seus donativos. Com medo de nesse dia nada receberem, começaram a gritar:

– Hoje a senhora escondeu-se de nós; hoje a consoladora dos pobres não nos mostrou o seu rosto; ainda não recebemos seus benefícios.

Como uma de suas domésticas repetisse-lhes o que os pobres estavam clamando, ela ordenou:

– Vá depressa, pegue o cofre onde está o dinheiro para os pobres e dê a cada um conforme o Senhor a inspirar.

Assim ela fazia a distribuição das esmolas quando não o podia fazer pessoalmente. Mas acusava-se de negligência quando eles tinham de esperar por ela mais tempo.

AMOR AOS SACERDOTES

Mostrava para com os sacerdotes um carinho e prodigalidade muito grandes. Não os queria ver presos a outros afazeres para poderem sobreviver, mas que estivessem livres e dedicados a Deus. Eles vinham até de lugares muito distantes para serem socorridos. Havia no país muitos padres que viviam na maior pobreza. Ela compadecia-se deles e interessava-se por sua sorte, com maior interesse que os próprios bispos que, quase como sempre, pouco se preocupam com seus sacerdotes nesse ponto.

O padre Raslaus, já velho, dava um testemunho admirável a respeito do interesse de Edwiges pela sorte dos sacerdotes:

– Eu era um aluno pobre. Era estudante em Wlatislávia. Ouvindo falar dos auxílios que ela, por amor de Deus, dava aos necessitados, fui com outros companheiros três vezes até Lesnics e Roktniz onde ela se encontrava. Todas as vezes que lá fomos eu e meus companheiros recebemos uma boa quantia. De lá voltávamos. Sempre que ali estive, sempre encontrei uma multidão de pobres esperando suas esmolas. Graças à bondade de nossa Santa duquesa pude continuar meus estudos.

Aqueles clérigos que, por piedade, queriam visitar os Lugares Santos e os peregrinos que se dirigiam a Jerusalém, eram bem ajudados por ela. Edwiges dizia que assim ela também participava dessas peregrinações e de seus méritos.

... HOUVE GRANDE FOME...

Nunca alguém dela se aproximou e saiu de mãos vazias. O padre Hermano afirmava:

– Ela possuía grandes rendas. Mas não retinha nem a centésima parte para seus gastos e as necessidades de sua família. O resto dava para as igrejas e para seus pobres. Quando terminavam seus recursos, recorria ao marido, que também era muito generoso, para que socorresse os pobres.

Edwiges possuía uma granja que se chamava Zeuina. Colhia nela abundantes safras anuais. Abateu-se sobre a região uma grande carestia. Mandou proclamar que todos os flagelados se dirigissem à granja para serem ajudados. Reunidos todos aqueles pobres, que não eram em pequeno número, mandou que lhes fossem distribuídos os alimentos conforme suas necessidades.

Acabaram-se, porém, os alimentos aí estocados. Mandou que fossem distribuídas as carnes. Acabadas as carnes, que fossem dados os queijos. Mas estes também se esgotaram. Distribuiu então os barris de óleo e as caixas de sal, para que aqueles famintos cozinhassem e temperassem os legumes e tudo o que podiam encontrar na granja. Parecia José do Egito distribuindo pão aos esfaimados.

AO LADO DE SEUS POBRES

O carinho pelos pobres estava também unido a uma devoção de Santa Edwiges. Era pelo número treze. Reunia treze pobres em memória de Cristo e seus doze Apóstolos. Quando viajava de um lugar para outro, mandava levá-los de carruagem. Providenciava para eles acomodações, para que ficassem aí por perto dela. Antes de assentar-se à mesa, passava ao lado de cada um deles, ajoelhava-se e os servia. Só depois se sentava para tomar sua parca refeição. Contentava-se com os alimentos mais simples. Os pratos de carne ou comidas finas que eram servidas, ela dividia com os treze pobres.

Vendo isso, alguns filhos dos nobres diziam entre si que comiam melhor os mendigos com as refeições da senhora duquesa que eles nas mesas dos príncipes.

Também as bebidas finas e saborosas eram enviadas para esses pobres. Isso provocava às vezes a indignação dos seus capelães e de outros familiares, quando viam que ela passava seu copo para eles e ela mesma se contentava com um pouco de água morna.

Um dia, não se contendo mais, um dos capelães recriminou-a dizendo:

– Senhora, deixe que seja colocado em sua frente o copo. Para os pobres será também providenciado como convém.

Ao que ela respondeu:

– Sei disso. Passo-lhes o meu copo porque sei que não se lhes daria uma boa bebida.

Até quando ganhava uma fruta, repartia-a com os seus pobres, tanto era seu amor para com essa gente e tanto os estimava. E é claro que isso não deixava de provocar murmurações, principalmente quando eles comiam em seu próprio prato.

Para os outros pobres, que não se assentavam à mesa com ela, tinha uma cozinha especial. Os cozinheiros e encarregados tinham ordem de preparar cedo e à tarde boas refeições que lhes eram servidas.

Sendo rica era a mais pobre entre seus amados pobres. Assim queria viver entre as riquezas e delícias da vida que poderia usufruir. Parecia que participava de um lauto banquete quando podia saciar os estômagos de seus pobres.

PROTETORA DOS ENDIVIDADOS

Lembrada das palavras de Jesus: "Dai e vos será dado, perdoai e vos será perdoado", desejando realizar esse pedido, ela não somente dava como também perdoava àqueles que lhe deviam.

Ela é invocada como padroeira dos endividados porque, quando alguns estavam onerados pelas dívidas ou presos e não podendo pagá-las, ou em apuros pelos empréstimos feitos, ela cobria suas dívidas com seu próprio dinheiro ou perdoava tais devedores.

Como dissemos, Edwiges possuía muitos bens. Como dote de casamento possuía grandes propriedades em terras que eram arrendadas para os camponeses. Estes deviam pagar-lhe anualmente as taxas combinadas. Mas muitas vezes ficavam endividados ou colhiam pouco por causa do mau tempo. Ela condoía-se deles e perdoava-lhes as dívidas.

E como perdoasse tanto os tributos devidos pelos súditos, um dia o capelão, chamado Oto, fez-lhe esta observação:

– Senhora, tanto perdoa os tributos dos camponeses que assim não vai sobrar nada para nós, seus servidores.

Edwiges mansamente respondeu:

– Não tenha medo, padre, para os senhores Deus providenciará!

E como quase nada ou muito pouco recebesse daquilo que lhe era devido como tributos, seus escriturários ironicamente observavam:

– Nada iremos herdar de nossa patroa... E também nada teremos que anotar a não ser as dívidas perdoadas...

Os juízes não eram assim tão condescendentes com os devedores. Muitas vezes aplicavam multas pesadas e afundavam ainda mais tais pessoas. Desesperados recorriam então à proteção da duquesa. E ela sempre perdoava.

Foi assim que, só num dia, perdoou uma dívida de mais ou menos três mil dólares, no valor atual, de multa que fora aplicada pelos juízes aos seus arrendatários de Savon e Javor.

Havia um notário, homem honesto e prudente, chamado Ludolfo. Muitas vezes Edwiges pedia-lhe, com lágrimas nos olhos, que agisse com misericórdia e que não fosse tão exigente agravando seus súditos ao exigir os devidos tributos.

É que ele queria fazer tudo exato, como bom administrador dos bens de sua senhora. Mas ela antes preferia perder seus bens materiais a ver agravados seus súditos, privados do pão ganho com tanto suor.

Não queria também que seus encarregados de recolher os tributos fossem por demais exigentes na hora do acerto de contas. Procurava estar presente nos processos ou então nomeava um de seus capelães para presidir as reuniões de prestação de contas dos dízimos que lhe eram devidos.

Todos os seus súditos elevavam as mãos aos céus agradecidos por terem tal duquesa, que em vez de ser alguém que os oprimia, era ao contrário uma verdadeira mãe que os protegia.

E a pobreza, a miséria que afligiam a maioria dos habitantes dessas regiões eram minoradas pela caridade de Santa Edwiges. Era na verdade a mãe dos pobres, a advogada dos endividados.

Pode-se dizer que ela passou pela terra fazendo o bem.

17 | "ELE FEZ EM MIM MARAVILHAS..."

A vida religiosa da Idade Média é marcada com o caráter do "sagrado". Há uma sacralização geral de tudo que por isso recebe a marca do sobrenatural. Invoca-se a intervenção direta de Deus em todos os acontecimentos.

Quando durante a tempestade o raio cai e não mata ninguém, foi o milagre. Os acontecimentos da natureza são castigos quando são adversos; mas são milagres quando propiciam o bem aos homens.

Há uma firme crença na intercessão dos santos e que Deus realiza por meio deles contínuos milagres. Milagres de curas, milagres de aparições, milagres de ressurreição de mortos.

A Igreja reconhece que há milagres. Mas é muito prudente não aceitando todos os fatos acontecidos como miraculosos. A psicologia e a parapsicologia explicam muitos fatos que para os antigos poderiam parecer milagres.

O que iremos encontrar na vida de Santa Edwiges, apresentados como milagres, não precisamos vê-los como tais. Muitos poderão ter explicação através da ciência atual. Os fatos relatados mostram, porém, que seus devotos confiavam e confiam ainda hoje em sua poderosa intercessão.

Daí a grande devoção a Santa Edwiges em todos os tempos. E ela que foi tão boa enquanto esteve nesta terra, certamente lá na eternidade continua sendo ainda melhor para conosco que precisamos de sua proteção.

"SOCORRE NAS AFLIÇÕES"

Santa Edwiges foi uma mulher muito humilde. Nada fazia para atrair a atenção dos homens sobre si. Mas sua extraordinária santidade não podia ficar oculta. E Deus glorificava sua filha dileta através de fatos maravilhosos. Não vamos afirmar que todos foram "milagres", mas pelo menos foram fatos que causaram maravilhas.

A irmã Raslaua era muito amiga de Edwiges. Ela fora mestra e educadora da duquesa em sua infância. Depois foi eleita abadessa no mosteiro de Trebnitz.

Estando um dia à mesa com Edwiges para a refeição, aconteceu um acidente. Uma espinha de peixe encravou-se na garganta da pobre abadessa. Não ia para baixo nem voltava para fora. Envergonhada saiu da mesa sem nada dizer para ver se através do vômito conseguiria expelir a espinha. Mas nada de expeli-la. A coisa era mais séria do que pensava. Vendo o perigo e sentindo muitas dores, voltou à mesa e com dificuldade expôs o caso à nossa santa. Tinha fé que Edwiges realizasse um milagre.

Compadecida de sua amiga, em nome de Deus traçou o Sinal da Cruz sobre ela. Imediatamente a espinha foi expelida. E naqueles dias não se falou outra coisa no mosteiro senão esse fato maravilhoso.

DEVOLVE A VISTA AOS CEGOS

Essa mesma irmã Raslaua perdeu um irmão. Ela o amava muito. Por isso chorou tanto sua morte que, poucos dias depois, apareceu-lhe nos olhos uma película branco-cinza (talvez catarata) que lhe causava muito incômodo. Agravando-se o mal, recorreu à sua amiga. Edwiges, cheia de compaixão e fé, dizia-lhe:

– Vá, pegue o meu Saltério e com ele trace o Sinal da Cruz sobre os olhos escurecidos e ficará boa.

A Irmã obedeceu, acreditando nas palavras de Edwiges, lembrando-se das palavras de Cristo: "Tudo é possível àquele que crê". Pegou o Saltério e traçou sobre os olhos o Sinal da Cruz. Imediatamente desapareceu aquela mancha dos olhos.

Uma outra Irmã do mesmo mosteiro teve quase o mesmo problema. A catarata atacou sua vista. O mal ia-se agravando cada vez mais. É claro que, naqueles tempos, não havia os recursos de hoje para se fazer uma cirurgia. Com um olho já não enxergava mais nada. Usou todos os remédios conhecidos naqueles tempos, e nada de melhora. Outra Irmã, querendo fazer-lhe uma obra de caridade, pingou-lhe no olho certo colírio que para ela mesma fora excelente. Mas de nada adiantou também.

Andando como podia com o pouquinho de visão que restava, foi às apalpadelas até a igreja do mosteiro. A santa aí estava imersa em suas orações.

Pacientemente esperou que terminasse suas preces. Edwiges levantou-se. A Irmã, suplicando, pediu-lhe que traçasse o Sinal da Cruz sobre seus olhos afetados. A santa ficou ruborizada. Percebeu que a pobre Irmã a julgava uma santa capaz de realizar prodígios. Cheia de humildade respondeu-lhe:

– Deus a perdoe, minha irmã, porque sendo eu uma mulher feita de pobre barro, a senhora vem pedir a mim uma coisa dessas. Desista disso. Querer de mim um milagre se a senhora não o pode obter de Deus?

A boa Irmã insistiu, porém, para que ela a abençoasse. Vencida por piedade pela Irmã, Edwiges fez sobre ela o Sinal da Cruz, dizendo:

– Que o Senhor a abençoe, Irmã querida!

A Irmã ficou até aturdida. Piscou fortemente os olhos e começou a ver tudo claro.

Certa ocasião estava Edwiges em Kohetniz. Como era seu costume, dirigiu-se à igreja para fazer suas preces. Demorando-se ela demais, uma das criadas suas, ou por cansaço ou por qualquer outra necessidade, saiu e foi até a casa.

Depois de algum tempo voltou para ficar junto de sua senhora.

Quando entrou na igreja viu duas senhoras alemãs junto de Edwiges. Conhecia uma delas e sabia que estava cega há muito tempo. Percebeu que agora ela enxergava e dava graças a Deus e à nossa santa por ter recuperado a luz dos olhos e atribuía tudo isso aos méritos de Edwiges.

Ouvindo esses louvores, Edwiges ficou toda rubra de confusão. De modo algum queria aparecer aos olhos do mundo. Cortando aquela saraivada de agradecimentos, disse:

– Não fui eu, mas o Senhor que a iluminou e a fez ver novamente.

Procurou fugir logo daí, demonstrando que aquela conversa não lhe agradava nem um pouco. Mas a outra não cessava de agradecer e engrandecer sua santidade.

RESSUSCITA OS MORTOS

Este fato foi mais trágico. Certo homem pobre roubara um pernil de porco de seu vizinho. Pego em flagrante foi conduzido imediatamente perante o duque Henrique. Entregue ao juiz foi condenado sem demora à morte na forca por causa do furto. Assim eram punidos naqueles tempos os ladrões.

Os parentes do condenado, conhecendo a bondade da santa para com os miseráveis, vieram perante ela pedir sua intercessão. Edwiges acolheu o pedido da família desolada. Foi até onde estava seu marido dizendo-lhe que por tão pouco delito não tirasse a vida de um homem. Ela valia muito mais do que meio porco.

O duque respondeu-lhe que talvez já o tivessem enforcado. Mas, se ele ainda estivesse vivo lhe daria a vida, perdoando-o.

No mesmo instante mandou um soldado chamado Henrique Cato para ver se conseguiria salvar e libertar o homem. Este partiu a toda pressa. Mas encontrou o homem já pendurado na forca.

Tirando a espada cortou a corda. O corpo caiu mole no chão. Daí um pouco de tempo começou a respirar mais fundo. Abriu os olhos ainda assustado. Parecia-lhe que estava sonhando. O soldado ajudou-o a ficar de pé. Animou-o dizendo: "Graças à nossa santa senhora você foi perdoado e libertado". O ex-enforcado veio imediatamente até junto da santa e caiu aos seus pés agradecendo-lhe pela libertação e por tê-lo salvo da morte. Edwiges deu-lhe bons conselhos para que não fizesse mais tais coisas que desagradam a Deus. Se estivesse em necessidade que recorresse a ela que iria fazer o que lhe fosse possível para seus filhos não passarem fome.

Esse fato foi relatado em Roma por várias testemunhas no processo de beatificação de Edwiges e narrado por vários escritores: "Um facínora", inimigo declarado do duque e adversário proscrito daquelas terras, fora afinal capturado. É claro que a sorte que o esperava não podia ser outra que a morte na forca. E essa foi realmente a sentença.

Para que a notícia da captura e condenação à morte não chegasse aos ouvidos de Edwiges, o duque mandou tirá-lo do cárcere mesmo à noite, para que sem demora assim que começasse a madrugada fosse executado. Sabia que se Edwiges ficasse sabendo iria interceder por ele como costumava fazer por todos os malfeitores. Os executores procuraram fazer tudo o mais depressa possível e assim que raiou o dia o suspenderam na forca preparada durante a noite. Acabado o serviço, voltaram para casa deixando o corpo a balançar no ar.

Aquela noite Edwiges passara-a na igreja. Voltava para casa quase ao amanhecer. O duque foi-lhe ao encontro. Ela já conhecia o fato. Primeiro recriminou a crueldade do esposo. Depois pediu-lhe que lhe desse aquele homem já sentenciado à morte.

Henrique, presumindo que naquela hora já estivesse mais do que morto aquele malfeitor, para a consolar, disse-lhe:

– Dou-lhe esse e mais outros desse tipo que quiser...

Chamando urgentemente seu procurador, mandou que fosse o mais depressa possível até o local da execução e lhe trouxesse o condenado sem nenhum arranhão. O homem pensou consigo: "Vai ser tudo inútil. Nessa hora o condenado já foi enforcado e não resta trazer para ela senão um pedaço da corda do enforcado".

Pegou a carruagem e foi rápido para o lugar do enforcamento. Em lá tendo chegado, cortou a corda. E aquele que ele já julgava um cadáver frio, com estupor de todos que tinham assistido à execução, estava bem vivo. Assim foi ele levado à presença de Santa Edwiges sem lesão alguma.

Certamente foi uma intervenção divina, que queria demonstrar os méritos da santidade de sua serva, arrancando das mãos dos carrascos esses malfeitores, que ao verem tais milagres tivessem tempo também para se converter.

Desde então o duque ordenou que, por onde ela doravante passasse, nas cadeias públicas logo fossem abertos os cárceres e libertados os presos pelos quais ela pedisse.

REVELA O FUTURO

Edwiges era dotada do dom da profecia e da revelação das coisas ocultas. Para ela estavam presentes acontecimentos que se davam distantes do lugar onde se achava.

Era ainda bem jovem quando no dia de Natal do Senhor, estando ela à mesa, alguém anunciou que um pé de cerejeira no pomar estava florido.

Era pleno inverno e sabemos que nesse tempo as árvores estão despidas de suas folhas e estão em estado de hibernação. Ouvindo isso ela mandou a pessoa verificar se as flores estavam nas pontas ou nas partes inferiores da árvore. Como dissesse depois de verificar que a cerejeira estava florida nos galhos mais baixos, ela exclamou:

– É sinal que haverá grande mortandade. Muitas pessoas pobres irão morrer neste ano.

E isso realmente aconteceu. Houve grande carestia no ducado. Muitos morreram de fome e frio. Houve grande desolação por toda a parte.

Previa o futuro. Estando seu marido em campanha, avisou-o que não saísse do castelo onde estava com suas tropas. Recomendou insistentemente que ficasse aquartelado em Legines porque, se se afastasse dali, não teria muito tempo de vida.

Henrique acreditou nas palavras de sua esposa e permaneceu três anos no castelo. Depois disso saiu de lá e veio até Lesnicz e aí morreu. Seu corpo foi transportado e sepultado no mosteiro de Trebnitz.

Havia uma mulher de nome Catarina, convertida por Edwiges. A Santa levava essa mulher ao Sacramento do Batismo e arranjara-lhe um ótimo casamento com um homem muito direito, chamado Boguslau, natural de Saum. Para essa mulher Edwiges revelava muitas coisas futuras e até os seus pensamentos.

Certo dia, como Catarina estivesse pensando algum plano para o presente, a santa suspirando, disse-lhe:

– Ó Catarina, por que você se ocupa tanto com as coisas de agora, se em breve você vai morrer?

Ouvindo isso Catarina ficou toda apavorada. Sabia que tal profecia da boca de Edwiges seria cumprida fatalmente. Mas a santa, vendo-a nesse estado de quase desespero, dizia-lhe:

– Não se entristeça, Catarina, você vai morrer, mas depois reviverá. Aqui está o sinal. Você conceberá e dará à luz uma menina. Mas ela morrerá. Somente depois dela é que você também partirá.

Catarina não estava grávida. Mas nove meses depois deu à luz uma filha e, como fora predito, a criança pouco tempo depois morreu. A mãe gravemente enferma expirou também e durante três dias foi considerada morta por todos. Mas não foi sepultada logo, porque parecia haver nela ainda algum sopro de vida. Aproximada uma vela acesa em seus dedos não houve reação alguma. Mas Catarina voltou à vida. E todos acreditaram que isso aconteceu por méritos de sua grande amiga Edwiges.

Santa Edwiges tinha uma secretária muito amiga e querida que se chamava Dermunda. Estando ela ausente, nossa santa falou para Catarina, cheia de compaixão:

– Dermunda vai morrer de morte triste.

E essa profecia também realizou-se tristemente. Ela sobreviveu alguns anos depois da morte de Edwiges. Mas teve uma morte repentina e triste.

Três anos antes da morte de seu filho Henrique, o Pio, Edwiges dizia à Irmã Adelaide, monja no mosteiro de Trebnitz:

– Reze muito por meu filho querido, porque ele irá desse mundo. Sua morte não será como a morte comum a todos os homens. Não morrerá numa cama.

A irmã, toda aterrada de pavor, respondeu-lhe:

– De jeito nenhum, senhora. A senhora só tem a ele e é por isso que teme que lhe aconteça tal coisa. Afaste esse temor.

– Não temo. Mas sei com certeza que ele vai morrer. Não vai morrer, mas vai ser morto.

Calou-se, não revelando por quem seria morto, porque se dissesse que seria morto durante a invasão dos tártaros, os soldados do duque ficariam atemorizados e fugiriam dos quartéis antes do tempo e o próprio país se veria em ruínas.

Completados os três anos como predissera, a fúria tártara, invadindo as regiões da Silésia e da Polônia, foi colhendo vitórias. Ninguém conseguia deter essas hordas selvagens que deixavam após sua passagem a morte, a devastação e o terror.

CONHECE OS ACONTECIMENTOS DISTANTES

A própria Santa Edwiges, acompanhada pela filha e pela sua nora Ana, esposa de Henrique, fugiu para Crozna e se abrigou no castelo.

Enquanto aí estavam, certa noite, chamou sua secretária Dermunda e disse-lhe:

– Dermunda, fique sabendo, acabei de perder meu filho, meu único filho. Ele morreu como um passarinho que velozmente fugiu de mim. Não o verei mais nesta vida.

Henrique era o sucessor de seu pai no governo. Reunido seu exército fora fazer frente aos invasores tártaros e foi morto em combate. Mas a notícia de sua morte ainda não chegara. Dermunda, querendo consolar a amiga, respondeu-lhe:

– Senhora, não chegou aqui nenhuma notícia e nenhum mensageiro trouxe alguma coisa. Nada ainda se ouviu daquilo que a senhora está dizendo. Por isso, não pense mais nisso e não acredite em tal desgraça.

– É como eu disse, respondeu Edwiges, mas tome cuidado para que ninguém descubra nada e a tal notícia não chegue ainda aos ouvidos de minha nora e de minha filha.

Edwiges pensava que as duas estivessem sozinhas e mais ninguém estivesse ouvindo a conversa. Procuravam se consolar mutuamente. Mas a Irmã Pinosa, a qual Edwiges pensava que estivesse dormindo, pois estava no mesmo quarto, ouviu a conversa das duas.

Guardaram segredo absoluto. Depois de três dias, chegado o mensageiro e divulgada a notícia do que acontecera, verificou-se que a duquesa tinha tido uma revelação do triste acontecimento. O duque caíra morto na batalha com muitos dos seus. E isso fora justamente no dia em que Edwiges anunciara a catástrofe.

VATICINA OS MALES FUTUROS

Não somente predizia a morte de pessoas, mas também a ruína de almas e perigos iminentes.

Certa vez, na presença de sua nora Ana, ela prorrompeu em tristes gemidos a respeito de Boleslau, filho de Ana, e portanto seu próprio neto:

– Ai de você! Ai de você, Boleslau! Quantos males causará ainda contra sua pátria!

Verificou-se isso quando esse mesmo duque Boleslau pôs em perigo a segurança do país alienando o castelo e os territórios de Lebens e pelas muitas guerras que moveu contra seus parentes. Essas guerras causaram não somente muitas perdas materiais, mas muitas mortes de vítimas inocentes.

Assim que ele tomou posse do ducado da Silésia, o povo começou a gemer por causa de sua tirania. Quantos homens, mulheres e até crianças pereceram por causa de seu gênio cruel e despótico!

Santa Edwiges lamentava-se com Lutoldo, seu capelão e procurador:

– Tenho muita pena do senhor, padre Lutoldo, porque meu neto, o duque Boleslau, causar-lhe-á muitos males e o espoliará de todos os seus bens.

Nesse tempo Lutoldo estava nas boas graças do duque. Quase como que indignado com as palavras de sua senhora, respondeu:

– Oxalá, minha senhora, que isso não aconteça e que a nossa duquesa possa também viver em paz; eu e os meus sempre nos daremos bem com Boleslau, meu senhor.

A santa mulher olhou bem para ele e replicou:

– Eu, de minha parte, sempre terei a paz, mas irá acontecer-lhe tudo aquilo que afirmei.

Tudo isso realmente se confirmou pouco tempo depois. Boleslau tornou-se cada vez mais violento. Perseguiu a esposa, as irmãs. O próprio Lutoldo sentiu na pele e em seus parentes os males perpetrados por esse príncipe.

Ela devia sofrer muito prevendo os males que se iriam abater sobre sua família. E deve ter sofrido muito quando previu a apostasia de um de seus netos chamado Frederico, filho de sua filha Sofia.

Frederico tinha entrado para o convento dos frades franciscanos e tinha sido ordenado padre. Edwiges, que era muito devota e devotada aos franciscanos, chorou muito essa deserção. Um dia ela falou à sua nora Ana e a Gotlinda, sua amiga:

– Tenho uma compaixão imensa de minha filha Sofia. Eis que seu filho está no caminho da apostasia. Vai deixar a Ordem e o Sacerdócio.

Aquele coitado realmente depois de dez anos abandonou tudo.

PREVÊ SUA MORTE

Mas previu também sua própria morte. Certo dia visitou-a uma nobre e piedosa mulher chamada Myleisa. Por vários dias entretiveram-se em santas conversas, para consolo de ambas. Chegado o dia da partida, na hora da despedida, disse:

– Myleisa querida, aproxime-se de mim e receba meu beijo de derradeira despedida. Digo-lhe que assim que for embora, não mais me verá o rosto.

Chorando Myleisa recebeu aquele beijo de despedida. Partiu, e partiu com o coração em pedaços. Poucos dias depois Edwiges se foi também, mas para a eternidade.

Conhecendo através de seu espírito profético que estava próximo o dia de sua morte, embora ainda estivesse com relativa saúde, mandou um mensageiro para chamar a senhora Catarina, sua antiga criada e também sua grande amiga. A ordem era que viesse o mais depressa possível. Queria que ela a assistisse, porque estava prevendo uma enfermidade mortal para daí a poucos dias.

Catarina como fiel criada apressou-se. Permaneceu ao lado de Edwiges assistindo-a até o fim.

Pode ser que seja lenda ou alguma alucinação de Catarina, mas ela contou o seguinte fato: "Certo dia, tendo Edwiges entrado num de seus aposentos, a própria Catarina viu três demônios em forma humana fazendo uma algazarra tremenda. Caindo em cima da santa, flagelavam-na atrozmente. Ouviu que eles gritavam com furor: 'Por que é tão santa? Por que se ocupa toda com essas obras de santidade?'

Esses ataques e essas lutas contra o espírito do mal ela os sustentou bravamente. Com medo e fazendo o Sinal da Cruz, Catarina espantou os demônios que deixaram em paz sua senhora.

Edwiges foi saindo do quarto cansada pela luta travada. A devotada criada foi atrás dela e, compadecendo-se da santa, continuava a fazer o Sinal da Cruz sobre ela, repetindo muitas vezes o mesmo gesto. Sem se voltar e não podendo por isso mesmo ver os gestos que a amiga fazia, Edwiges falou-lhe:

– Catarina, faça sobre mim sempre esse sinal da Cruz!"

Tanta fé a santa depositava no Sinal da Cruz, lembrada sempre do sinal do redentor da Paixão de Cristo.

18 | Pede o último sacramento

Algum tempo antes da enfermidade que a levou à morte, ela mandou chamar Frei Mateus. Nesse tempo ele era seu confessor. Suplicou-lhe que lhe administrasse o Sacramento da Unção dos Enfermos.

As boas Irmãs do mosteiro perceberam que o fim de Edwiges estava próximo, pois ela não fazia nada sem ter certeza do que predizia. Estavam todas como que desnorteadas, com medo de perder aquela que as amava como mãe.

A Irmã Adelaide aproximou-se dela e como fosse muito amiga e confidente, disse-lhe:

– Senhora, como está pedindo a Unção, ferindo assim nossos corações, se a senhora está bem de saúde, não havendo portanto nenhum sinal da morte próxima? Esse Sacramento é para aqueles que estão em perigo de vida.

Ao que ela respondeu:

– Sei, caríssima Adelaide, sei que é assim. Esse Sacramento realmente é para aqueles que estão em perigo de vida. Você lembrou-me bem o costume da Igreja. Mas convém considerar o seguinte ponto. Com o Sacramento da Unção dos Enfermos o cristão arma-se com as armaduras espirituais contra as forças do mal. Por isso ele deve ser recebido com suma devoção pelos fiéis. Eu, embora pareça estar com saúde, logo estarei entre os enfermos. Temo também que, agravando-se os males, não esteja mais em condições de receber esse Sacramento com a devoção que lhe é devida. Quero estar bem preparada para ir ao encontro do Senhor Jesus.

Foi cumprindo seu desejo. Recebeu o Sacramento da Unção dos Enfermos e daí alguns dias caiu gravemente enferma. E não lhe foi mais administrado o Sacramento.

Como estivesse bastante enfraquecida, sua filha que era abadessa no mosteiro proibiu que as Irmãs a visitassem. Não queria que lhe contassem alguma coisa que a pudesse afligir. Mas ela, por inspiração divina, tinha conhecimento de tudo o que estava acontecendo. Mesmo não vendo o rosto das pessoas que entravam em seu quarto, chamava-as pelo nome.

Como sua nora Ana estivesse ausente quando começou a derradeira enfermidade, quiseram mandar chamá-la. Ana estava na Boêmia, bem distante, e demoraria alguns dias para chegar. Edwiges, porém, proibiu, afirmando que ela não morreria antes da chegada da nora. Disse-lhes:

– Não tenham medo nem se incomodem em chamá-la, pois não morrerei antes que ela venha. Já não lhes disse que não morreria sem que Ana estivesse aqui presente?

Nesse tempo, estando ela enferma no seu leito, duas irmãs vieram visitá-la. Uma chamava-se Pinosa e outra Benedita. Como Pinosa se aproximasse do leito, Edwiges, tendo nas mãos um pequeno abano feito de folhas de palmeira, tocou com ele na Irmã, dizendo-lhe:

– Irmã, você não pode me negar que veio aqui sem licença da abadessa. Vá e peça perdão de sua falta; obtida a devida licença, se quiser, volte aqui para me visitar.

A Irmã Pinosa levou um susto. Tinha medo agora de expor o caso à abadessa. Mas cumprindo a ordem da santa foi, confessou sua falta. Obtido o perdão e a licença, voltou para junto da santa.

19 | Uma briga por causa da sepultura

Como a doença progredisse sensivelmente, sua filha, a abadessa Gertrudes, começou a sondar Edwiges sobre onde iriam sepultá-la. Ela que sempre fugira de toda a pompa, por sincera humildade, respondeu:

– Desejo ser sepultada no cemitério comum.

Compreendendo que a filha não estava concordando, suplicou-lhe então que a sepultura fosse na sala de reunião do capítulo das Irmãs. Também nesse local a filha não queria sepultar o corpo de sua mãe.

– Mãe, dar-lhe-emos a sepultura na igreja no sepulcro de nosso pai.

– Se for preciso sepultar-me na igreja, peço-lhe por Deus, não coloque meu corpo no túmulo de seu pai, pois ficamos tanto tempo separados de leito. Não quero, depois de morta, estar ligada a um morto do qual, pelo amor à castidade, durante tanto tempo estive separada durante a vida.

– Então, mãe, mandarei sepultá-la com seu filho, meu irmão.

– Como não quero ter ninguém como companheiro no túmulo, se de qualquer modo quer sepultar-me na igreja, sepulte-me diante do altar de São João Evangelista.

Nessa igreja, dedicada a São Bartolomeu Apóstolo, diante do altar pedido, jaziam sepultadas diversas criancinhas, netos de Edwiges. Como ela amasse a inocência, queria estar sepultada ao lado dessas criancinhas.

– Mãe, faremos para a senhora uma sepultura diante do altar de São Pedro, para que possamos ter sempre diante dos olhos, a sua sepultura.

Edwiges mais uma vez mostrou que tinha uma antevisão dos acontecimentos.

– Seja! Mas se fizerem isso vão se arrepender mais tarde por causa dos incômodos que minha sepultura irá causar.

E como ela predisse, assim aconteceu. As Irmãs, por causa das multidões que diariamente visitavam o túmulo, eram continuamente perturbadas em seu silêncio. Não tinham mais tranquilidade para suas orações.

20 | Últimos momentos

Preciosa é aos olhos do Senhor a morte de seus justos.

Aproximavam-se os últimos momentos de nossa santa aqui nesta terra. Ela já estava na iminência de ir receber a recompensa de seu amor a Deus e ao próximo. Tinha combatido o bom combate e esperava a coroa da eterna glória.

Contam-se fatos extraordinários que se deram nos momentos finais. Provavelmente muitos desses fatos devem ser atribuídos às lendas que foram-se criando naqueles tempos. Alguns são um tanto fantasiosos e parecem ter sido escritos com a finalidade única de engrandecer ainda mais a memória de Edwiges. Foram assim:

Tudo começou com o aparecimento de diversos santos para consolá-la e falar-lhe das alegrias eternas nos céus. Era um convite para o eterno banquete celestial na pátria bem-aventurada.

21 | É confortada pelos santos

No dia da Natividade de Nossa Senhora, oito de setembro, todas as Irmãs e outras pessoas, que cuidavam da enferma, saíram para participar das Vésperas solenes. Somente Catarina, sua compatriota, ficou junto dela. Viu então alguns homens e mulheres, resplandecentes de luz, entrando e dirigindo-se para perto do leito da enferma. Ouviu que enquanto eles se aproximavam Edwiges dizia:

– Bem-vindas minha Santa Maria Madalena, Santa Catarina, Santa Tecla, Santa Úrsula... nomeando ainda outras santas cujos nomes Catarina não guardou na memória. Ouviu-as conversarem entre si. Percebeu, pelo que lhe fora possível entender, que falavam a respeito de sua próxima morte. Acabadas as Vésperas em honra da Santíssima Virgem, desapareceram as luzes e terminou a visão.

Também no dia de São Mateus Apóstolo, estando as Irmãs reunidas na sala do Capítulo, duas delas, Pinosa e Benedita, vieram visitar a enferma. Estando elas perto do leito, Edwiges falou-lhes:

– Ajoelhem e orem.

Perguntando-lhe elas o porquê:

– Não estão vendo Santa Maria Madalena e Santa Catarina?

Nomeou também certo mártir que, como fosse um nome desconhecido, elas não se lembram mais. Benedita, principalmente, que era analfabeta, também não conseguiu guardar o nome.

Assim o Senhor a consolava no meio dos seus sofrimentos antes de transportá-la para os céus.

Tudo estava preparado e Edwiges também estava preparada para entrar na posse do Reino. Era o momento definitivo com o Rei Supremo, o Senhor Jesus Cristo, por cujo amor ela desprezou todas as pompas deste mundo. Naquele em quem ela creu, a quem amou, entregou-se suavemente. Agora haveria de vê-lo face a face com seus próprios olhos.

22 | Agora... A eternidade

Foi naquele dia 15 de outubro de 1243. O dia ia chegando ao seu fim. Todos percebiam que também o fim de Edwiges estava por chegar. Em todo o mosteiro de Trebnitz reinava já um clima de velório.

Num leito pobre, como sempre quis, Edwiges ia definhando a cada hora que passava. De tempo em tempo abria seus maravilhosos olhos azuis, elevava-os para o alto e seus lábios murmuravam quase imperceptivelmente: "Jesus, meu Jesus..." Depois parecia que já nem havia vida naquele pobre corpo.

As Irmãs do mosteiro não abandonavam aquele quarto. Chegou a hora das Vésperas no coro do mosteiro. Silenciosas, as Irmãs se afastaram para entoar os louvores a Deus. Apenas a abadessa Gertrudes e mais uma ou outra Irmã permaneceram na cela de Edwiges. As Irmãs rezavam com o salmista: "Eu espero no Senhor, a minha alma espera, confio na sua palavra. A minha alma espera no Senhor, mais do que a sentinela na aurora. Como a sentinela espera na aurora, espere Israel no Senhor, porque com Ele está a misericórdia e nele é abundante a Redenção..." Nesse momento Edwiges pareceu querer erguer-se no leito. Deixou-se cair, suavemente, sem estertores, olhou mais uma vez para o alto e voou para a eternidade. Com todo o amor de filha, a abadessa Gertrudes fechou-lhe os olhos. Morreu a santa.

23 | Preparação dos funerais

Pouco depois começaram a chegar outras Irmãs. Silenciosamente iam passando diante do leito mortuário. Depois fecharam o quarto.

Conforme o costume do mosteiro, a Irmã Wenceslaua, priora do mesmo mosteiro, entrou com algumas Irmãs para lavar o corpo de Edwiges. Ficaram não só pasmadas, mas até mesmo horrorizadas ao verem sobre o corpo dela um duríssimo cilício e na cintura uma grossa corda de crina, toda retorcida. Seu corpo estava coberto de feridas provocadas por esses instrumentos de penitência.

Assim que a despiram começaram a aparecer os sinais da futura glória. O seu corpo tão pálido, quase azulado por causa dos frequentes jejuns e macerações, a pele enregelada e rugosa, começou a sofrer uma metamorfose. Começou a tomar um tom róseo e a brilhar com uma luz estranha. Seu rosto transformou-se de um amarelo gris num colorido vivo, como se tivesse sido maquiado. Seus lábios fizeram-se vermelhos como rubis.

Até seus pés, outrora magros, cheios de rachaduras, tornaram-se alvos. As mulheres ficaram maravilhadas com essas transformações. Porque antes, como atestou a Irmã Júlia que pessoalmente o tinha visto, em seus joelhos havia dois calos, um sobreposto a outro, do tamanho de um punho. Pela dureza de sua consistência havia neles fendas ou rachaduras que pareciam pequenas cavernas. E como ela se ajoelhava sempre no chão, aí entravam grãos de areia.

Lavado o corpo e revestido com as vestes para os funerais, foi colocado no caixão mortuário. Logo novamente acorreram as Irmãs, desejosas de se apoderarem de alguma relíquia de Edwiges. Foi quase um assalto. O que podiam, iam retirando. Umas cortavam fios de cabelos, outras as unhas dos pés, outras ainda as unhas dos dedos das mãos. As roupas, usadas pela santa durante a doença, foram transformadas em pequenos retalhos que cada Irmã guardava para si.

Depois, com grande solenidade, transportaram aquele tesouro inestimável para a igreja onde ficou três dias insepulto, para a veneração dos fiéis. Era grande a multidão que dia e noite fazia vigília diante do caixão mortuário. E por todos os cantos falavam de sua caridade, todos louvavam sua paciência, sua humildade. Os pobres, seus filhos prediletos, choravam a perda de sua querida mãe. Todos tinham algum fato para contar.

24 | Aconteceram certos fatos...

Seu corpo ainda aí estava insepulto e Deus já começava a glorificar sua serva com fatos extraordinários.

A Irmã Jutha estava com a mão paralisada por causa de uma grande inflamação. Toda a mão e até o antebraço estavam de uma cor violácea. Não havia remédio que fizesse regredir o mal. Ela foi devagarzinho aproximando-se do caixão. Começou a tocar sua mão com muita fé no corpo de Edwiges. Tocou o duro cilício usado por ela. De repente um perfume estranho começou a encher a igreja. Olhou para sua mão e viu-a completamente sã.

A Irmã Marta sofria de um mal esquisito. Tinha a boca sempre horrivelmente seca. A língua parecia-lhe um pedaço de lixa. Essa secura fazia com que sentisse o peito arder como brasa. Não havia água que lhe matasse a sede. Tanta era a sede que muitas vezes, estando na igreja, até água benta ela bebia. As outras Irmãs repreendiam-na. A própria abadessa chamou-lhe a atenção, dizendo que isso não passava de uma mania. A pobre vivia assim atormentada.

No dia da morte de Edwiges, aproximou-se do corpo dela e rezou assim:

– Minha senhora, Beata Edwiges, livre-me desse tomento. Não suporto mais as críticas que me fazem, porque muito padeço.

Feita a oração, assim que o corpo foi levado embora, aproximou-se da bacia cheia com a água em que lavaram a santa. Marta lavou sua boca, o pescoço e a garganta com essa água. E na mesma hora sentiu-se melhor. Nunca mais sofreu sede em sua vida.

No terceiro dia, antes que o corpo fosse dado à sepultura, sua filha, a abadessa de Trebnitz, mandou que a Irmã Wenceslaua tirasse o véu que cobria a cabeça da defunta e o trocasse por um outro. O véu que fora mandado tirar pertencera a Santa Isabel da Hungria, sobrinha de Edwiges. Nossa santa sempre o usou com grande reverência e cuidou dele até com ciúmes.

Certamente por isso e para guardar uma lembrança da mãe e de sua prima foi que a abadessa ordenara a troca. Aproximando-se a Irmã do caixão para fazer a troca, assim que desvendou o rosto da morta, viu-a de boca entreaberta e saindo dela um perfume inebriante. Seu rosto tinha uma claridade, uma luz maravilhosa.

Com certeza era o prenúncio da luz eterna que Edwiges já gozava nos esplendores eternos junto de Deus.

25 | A memória do justo será eterna

Naqueles dias pairava nos ares um não sei quê de mistério. A duquesa Edwiges estava morta. Mas era tão sentida sua presença que cada um parecia vê-la surgir em qualquer lugar. Dava a impressão de alguém que foi, mas que permanece. Aquela impressão de um sonho que terminou, mas que a gente parece ainda viver depois de acordado.

Parecia que as palavras consoladoras do Prefácio da Missa dos Fiéis Defuntos tinham sua realização concreta com respeito a Edwiges:

"Nele brilhou para nós a esperança da feliz Ressurreição. E aos que a certeza da morte entristece, a promessa da imortalidade consola. Ó Pai, para os que creem em vós, a vida não é tirada, mas transformada, e desfeita a nossa habitação terrena, é-nos dada nos céus uma eterna mansão".

A notícia da morte da santa correu célere por todo o país. O luto foi geral. Todos tinham perdido não um governante, mas sim uma mãe. As preces que eram dirigidas a Deus por ela eram mais preces pedindo que ela rogasse a Deus por eles, na certeza de que Edwiges já estava junto a Deus nos céus como a grande intercessora, como o fora aqui neste mundo.

Como sua glorificação já começara em vida, depois de morta Deus dignou-se servir-se dela para que continuasse sua missão aqui nesta terra protegendo a todos.

O povo silesiano e o povo polonês começaram a invocar seu auxílio firme na esperança de serem atendidos, porque acreditavam que desfeita a habitação terrena já lhe fora concedida nos céus uma eterna mansão.

E quem fez tanto bem em vida, agora iria continuar sendo a mãe benfazeja olhando por todos lá do céu. E aconteceram os fatos.

De todas as partes ouvia-se falar que por sua intercessão realizavam-se curas de pessoas doentes. Males dos olhos, enfermidades afetando a cabeça, cura de cegos, surdos que começavam a ouvir, mudos que soltavam a língua; gente sofrendo alguma coisa nas mãos ou nos pés que ficavam livres, endividados que saíam de seus apuros, paralíticos que deixavam suas muletas e saíam andando; arrendatários que resolviam seus problemas, epiléticos que saravam de seus espasmos, chagados cujas carnes voltavam ao estado normal (e até melhor do que antes), outros que eram salvos dos perigos de morte e até mortos que retornavam à vida.

Muitos desses fatos foram atestados com juramento pelas pessoas envolvidas. Assim estes casos:

SEU SEPULCRO É GLORIOSO

Um garoto chamado Domingos, filho do soldado Vitoslau de Borech, tinha sete anos de idade. Adoeceu gravemente. Não havia mais esperança alguma. Suas mãos e seus pés estavam amortecidos. Os olhos revirados. De sua garganta saíam apenas sons estertóricos. Na ânsia de respirar o peitinho da criança estava aprofundado.

A mãe, vendo a morte que se aproximava rapidamente, olhou para o filho e depois disse ao marido que se deitara também no mesmo leito: "Nosso filho está partindo. Já não teremos mais nosso filho!"

O pai, ouvindo isso, elevou as mãos para os céus e, em prantos, clamou: "Minha senhora, Bem-aventurada Edwiges, eu servi a senhora enquanto minha senhora vivia. A senhora gostava de mim. Faça-me neste momento a graça de que meu filho, por sua intercessão, fique vivo e eu o conserve ao meu lado. Restitua-me, senhora, meu filho são. E seja-me isso a paga dos serviços que lhe prestei. Faça-o pela sua liberalidade".

Coisa admirável! Este soldado lembra-lhe sua fidelidade nos serviços prestados. E Edwiges, não esquecida do trabalho fielmente executado, não adia por um instante sequer sua retribuição.

Assim que o pai acabava de fazer sua prece, o filho, que estava agonizando, virou-se no leito, olhou para o pai e começou a dirigir-lhe palavras de conforto.

O peito da criança elevou-se e desapareceram os sinais de morte. E o menino que há quinze dias estava entrevado, no terceiro dia após a invocação à nossa santa, estava completamente curado.

O próprio pai do menino contou o fato no processo instaurado para a canonização de Edwiges. Era tanta sua comoção que com dificuldade narrava os fatos entre lágrimas e soluços.

TEM PODER SOBRE A MORTE

O garotinho Walter, filho de um rico senhor de Amilia, na Wlatislávia, foi seriamente afetado quando sua babá levou uma desastrada queda estando com o bebê nos braços. Como consequência houve séria lesão nos rins e um grande inchaço que desafiou todos os remédios. A mãe do menino, senhor Berchta, na esperança de sua cura, recorreu à cirurgia. Mas, ao invés de melhorar, o estado da criança piorou.

Vendo a pobre mulher que já não havia mais recursos humanos que restituíssem a saúde ao filho, teve uma inspiração: procurar um remédio divino pela intercessão da Bem-aventurada Edwiges. Confiada nos méritos da santa, fez o voto de levar a criança mortalmente enferma até o túmulo da santa. Tanta era sua confiança que estava certa que seria atendida.

Muitas pessoas desaconselharam-na de empreender a longa viagem com o filho naquele estado. Mas ela partiu logo. Ou traria seu filho curado ou o deixaria sepultado em Trebnitz mesmo.

Aí chegada, dirigiu-se para o túmulo da santa. Colocou sobre ele uma grande vela e um pouco de algodão impregnado de pus tirado do curativo. Havia muitas pessoas aí por perto. Com toda a fé ela rezou:

– Minha senhora, Bem-aventurada Edwiges, cure o meu filho ou então faça com que antes que eu me retire daqui, ele descanse em Deus.

Falou isso porque não suportava mais ver tanto sofrimento da pobre criança. Há meses que isso se prolongava.

Colocou sobre o túmulo a criança que, como os presentes puderam ver, estava morrendo.

Apenas acabara de fazer seu pedido, a criança começou a reagir. O corte começou a fechar e dele ficou apenas uma pequena cicatriz e a vida voltou àquele corpo já quase cadáver.

O menino viveu muitos anos. Ele mesmo atestou esse fato perante a comissão de inquérito para a canonização de Edwiges.

ATENDE UMA MÃE AFLITA

A menina Isabel, de seis anos de idade, filha de Mectildes, esposa de Hermano de Cruzon, por causa de uma grave doença tornou-se uma criancinha raquítica. Seus membros não se desenvolviam. Com seis anos parecia ainda um nenê.

Sua mãe, sabendo que nenhum remédio podia já curar sua filhinha a não ser um milagre, fez o voto de levar a criança para perto do túmulo de Edwiges. Lá, perto da sepultura, rezou assim:

– Senhor Jesus, pelos méritos da Bem-aventurada Edwiges, invoco vossa misericórdia! Curai minha filha aqui doente como vedes que ela está prostrada.

Eis que o Senhor misericordioso e compassivo que sempre está perto dos corações que o invocam com fé, restituiu a saúde àquele corpinho. E pela intercessão de Edwiges, aquela criança desenvolveu-se desde aquele dia, forte e com saúde.

O MONGE ESQUECIDO

Frei Hermano, sacerdote do mosteiro cisterciense de Lubres, estava às portas da morte. Seus confrades já não tinham mais esperanças. Prostrado pela enfermidade, certa noite pareceu-lhe ouvir uma voz que lhe dizia: "Vá até Trebnitz, até o sepulcro de Edwiges e ficará curado completamente".

O nosso bom monge começou logo a melhorar. Mas tendo quase recuperado a saúde, o frade foi um tanto ingrato. Não cumpriu a ordem que julgou ter ouvido naquela noite. Ou não acreditando bem, ou por negligência, foi deixando o tempo passar. Aconteceu então que a doença voltou com mais violência que da outra vez.

Apavorado o bom monge compreendeu que poderia ser uma punição pela sua negligência.

Pediu que chamassem para sua cela Frei Ludovico que era seu abade. Pediu-lhe licença para fazer uma romaria até o túmulo de Edwiges em Trebnitz, como lhe fora revelado.

Obtida a licença partiu com dois confrades, Nicolau, irmão leigo, e Bertoldo, sacerdote. Numa carruagem alugada por causa de seu estado grave, chegou em Trebnitz. Seu estado era já desesperador.

Os confrades carregaram-no até ao lado do túmulo. Ele, ainda consciente, orou com toda a piedade. Pediu em primeiro lugar perdão por sua falta. Invocou depois a proteção de Edwiges. Recordava-se nesse instante a recomendação de Jesus: "Todo aquele que pede, receberá". Frei Hermano pediu a proteção de Edwiges.

Fato curioso deu-se no mesmo momento. Frei Hermano começou a suar abundantemente. Era tanto o suor que este escorria pelo pavimento. Foi levado daí para a hospedaria do mosteiro. Foi colocado no leito. Adormeceu num sono profundo. Sonhou que Edwiges lhe aparecia e lhe dizia:

– Frei Hermano, o senhor está curado.

Quando acordou de manhã realmente estava completamente curado.

SOCORRE OS PECADORES

A Bem-aventurada Edwiges não exercia sua intercessão para com seus devotos somente para lhes dar a saúde do corpo. Ajudava-os também nas necessidades da alma e do coração, afugentando deles a tristeza ou levando-os à conversão para Deus. Isso aparece bem no seguinte caso:

Uma mocinha, de hábitos e coração mundanos, perdera a vergonha pelas suas leviandades licenciosas. Embora já não fosse virgem de coração junto a Deus, procurava dissimular o fato perante os olhos dos homens por causa da vergonha que agora sentia.

Tendo ido um dia ao sepulcro de Edwiges, ao tirar o véu que lhe cobria a cabeça e que ela queria oferecer à santa como símbolo de sua pureza, junto com o véu saíram todos os seus cabelos ficando totalmente calva.

O povo tomou esse fato como um castigo por não se arrepender de seus pecados, mas antes vangloriar-se deles, ostentando um estado de inocência que infelizmente perdera. E assim perante todos foi revelada sua vergonha. Ela caiu em si e começou a chorar sua infelicidade humildemente, quando antes preferia estar entre as virgens loucas que não só não tinham o óleo da castidade, mas não possuíam também a beleza da castidade.

Deixou seu estado de pecados e converteu-se de todo coração a Deus. Dessa data em diante viveu uma vida modelar e nunca cessou de agradecer a graça junto do túmulo da santa.

TEM COMPAIXÃO DOS QUE SOFREM

Depois vieram muitos casos. Caso como o do garoto raptado por um bando de ciganos, que trouxe o desespero a seus pais. Estes invocaram o auxílio da santa e depois de três dias encontraram o garotinho abandonado na beira de uma estrada. Contava-se que certo Miguel, irmão da monja Gaudência do mosteiro de Trebnitz, sofria horríveis dores de cabeça. Ele sonhou que, se fosse até o túmulo da santa, recuperaria a saúde. E assim aconteceu na realidade. A cidade de Wlatislávia não falou durante certo tempo senão do que aconteceu com Sinfrido, irmão do juiz da cidade. Praticamente cego dos dois olhos, recuperou a saúde, estando ao lado de seu túmulo.

OS CEGOS VEEM

O que aconteceu com a menina Vitoslava, filha de um soldado chamado Clemente, comoveu a população. A pobrezinha sofria um mal terrível nos olhos. Eles sangravam. Seus pais fizeram a promessa de levá-la até junto da sepultura de Edwiges. De joelhos ela entrou na igreja e assim percorreu o trajeto. Assim que tocou na sepultura começou a ver claramente e sentir que estava curada.

Sucediam-se fatos e mais fatos todos os dias. E os devotos atribuíam essas graças à intercessão daquela que, enquanto viva, olhava para seus irmãos com tanto amor e carinho

É o caso, então, da menina Isabel, filha de Frederico de Altaripa. Essa menina era cega de nascença. Sua mãe levou-a a Trebnitz na esperança de obter um milagre. Preparando-se para partir, o avô da criança aproximou-se da mãe e zombeteiramente lhe disse: "Seria melhor deixar os cavalos arando os campos do que cansá-los com uma tão longa e inútil viagem. O que iria adiantar se ela é totalmente cega? Por que gastar tanto com a viagem e se fatigar inutilmente?"

Mas a mulher estava cheia de esperança. Chegada que foi em Trebnitz colocou a menina sobre o altar dedicado ao Apóstolo São Bartolomeu. Não encontrou aí a graça que buscava. Levou-a para o túmulo de Edwiges. Aí, com todo o fervor, invocou o auxílio da santa. Colocou a criança sobre o túmulo. De repente a menina começou a gritar e apontar os objetos. Estava enxergando.

Os cegos recuperaram a vista. Os aleijados, o movimento de seus membros. A saúde restituída aos enfermos. E cada vez mais espalhava-se a fama de Edwiges como grande taumaturga.

Cada dia mais também era invocada como poderosa intercessora junto de Deus. Continuamente havia romarias a seu túmulo. Era gente que vinha a pé de longas distâncias. Mães atribuladas que traziam seus filhinhos nos braços. Uns eram cegos, outros paralíticos, outros ainda surdo-mudos. E quantos recuperavam a saúde!

Realmente havia graças extraordinárias. Quantos corações a graça de Deus tocou pela intervenção da Santa duquesa! De quantos perigos físicos e espirituais a santa livrou seus devotos! Até da morte trouxe-os de volta.

DEVOLVE A ALEGRIA A UM LAR

O menino Guilherme não tinha ainda dois anos de idade. Era filho do castelão Vicente de Olesno, da cidade de Otmant.

Certo dia saiu a passeio com seu preceptor até as margens do rio Odran. Deixando o garotinho um pouco distante das águas, o homem foi se refrescar e nadar no rio.

Demorou-se um pouco mais de tempo nas águas. O menino, deixado sozinho e não vendo mais seu companheiro, andando aos tropeções, quis ir atrás dele. Mas por infelicidade caiu na água e afundou.

Quando o preceptor voltou para o lugar onde tinha deixado a criança não mais a encontrou. Correu para à beira do rio para a procurar. Achou-a submersa. Tirou o menino do rio e fê-lo vomitar a água ingerida. Massageou-a, mas nada de a criança dar sinal de vida.

Voltando para casa com aquele corpinho inanimado, quisera ocultar o ocorrido aos pais, mas não o pôde fazer. A mãe desesperada procurou aquecer a criança. Mas só saiu pela boca mais uma golfada de água. Ela estava morta.

Os pais e parentes choravam desolados a morte de Guilherme. Começaram a invocar a Deus pelos méritos da Bem-aventurada Edwiges para que a vida retornasse àquele menino. Fizeram a promessa que, se voltasse à vida, no mesmo dia o levariam até o sepulcro da santa. Coisa maravilhosa! O menino deu um grande suspiro, abriu os olhos... estava vivo.

A alegria foi imensa. Mas parece que não havia lá muita sinceridade em cumprir a promessa. Esqueceram-se de levar o filho como tinham prometido até o túmulo de Edwiges.

Adiando a viagem a Trebnitz para cumprir a promessa, no dia seguinte a criança morreu novamente. Confessando-se culpados pela negligência, renovaram a promessa, pediram perdão a Deus e suplicaram-lhe de coração que pelos méritos de Edwiges devolvesse-lhes o filho.

Voltando ele novamente à vida, seus pais, sem demora desta vez, puseram-se a caminho para cumprir a promessa e agradecer a graça recebida. E daquele dia em diante todos viram a criança crescer sadia e robusta.

Patruscha, filha de Martins da Wlatislávia, tinha cinco semanas de vida quando morreu.

Sua mãe Elzuna quis ir até uma cidade vizinha. Pediu a uma mulher chamada Boguslava, que morava pertinho dela, o favor de cuidar da criança até que ela voltasse. Mas Boguslava não era mulher de muita responsabilidade. Colocou a criança no berço, cobriu-a bem e foi para sua casa cuidar de seus afazeres. Não teve nem o cuidado de fechar as portas.

Nesse meio de tempo um grande porco que fugira do chiqueiro, achando as portas abertas, entrou na casa. Foi até o quarto onde estava a criança e fuçando virou o berço do nenê. Esta caiu envolta naquele monte de panos e morreu sufocada.

Voltando da cidade, foi até a casa de Boguslava procurar a criança. Ela, desculpando-se que tinha muitos trabalhos, colocara a criança no berço e até se esquecera dela.

Entrando a mãe em casa, o porco saiu correndo e a criancinha foi encontrada morta. Seu corpinho estava frio e enrijecido.

Chorava a mãe desolada a morte da filhinha e também com medo de que o marido a castigasse por causa de sua negligência.

Quando o marido pouco depois chegou, também começou a chorar desesperado. Não se lamentava só com a morte, mas com o modo como a filha tinha morrido, vítima de uma negligência por parte da vizinha.

Recordando-se então da fama de Santa Edwiges por causa de seus muitos milagres, disse à sua esposa:

– Invoquemos com confiança a santa de Deus que, reinando agora nos céus, recebeu do Senhor este poder para atender justamente o que lhe é pedido através de seus méritos.

Saindo de perto do cadáver da filhinha, os pais puseram-se a rezar com toda a confiança. A vizinha Boguslava, porém, ficou perto do cadáver e ela também rezou assim:

– Bem-aventurada Edwiges, rogo por teus méritos, livra-me deste meu grande pecado de negligência por não ter cuidado como devia da criança. Eu te prometo ir a pé até o teu túmulo se ela reviver.

Feitas as orações, os pais voltaram para junto da morta. Tinham até já marcado o lugar onde iriam sepultá-la. Chegando perto viram que a menininha estava viva. Logo pegou o peito da mãe e mamou até não mais poder.

26 | A Igreja glorifica Edwiges

A Igreja ainda não se pronunciara oficialmente, mas o povo tinha já canonizado Edwiges. Para ele era a Bem-aventurada Edwiges, Santa Edwiges. Aquela mulher deixara marcas profundas no meio de seu povo.

Aquela piedade traduzida num colóquio contínuo com seu Deus revelava uma alma completamente voltada para as coisas do alto. O amor a Deus abarcava toda a sua vida.

Esse amor a Deus fez Edwiges procurar a prática de todas as virtudes em grau heroico. Apesar de estar cercada de todas as pompas em sua posição social, era de extrema humildade. As provações da vida fizeram com que revelasse uma paciência de Jó, conformando-se com a vontade de Deus. Herdeira rica, possuindo pessoalmente inúmeros bens materiais, nem por isso deixou de ser pobre entre os pobres de seu ducado. Usava suas riquezas para fazer o bem aos outros. Penitente até ao extremo das forças humanas. Jovem, casada, viúva, foi de uma pureza angélica. Obedeceu como jovem aos seus pais, como casada ao seu marido e como viúva obedeceu àqueles que a dirigiam no caminho da santidade. Foi modelo para todos em todas as épocas.

Pedra de toque da santidade será sempre a caridade. O amor a Deus e o amor ao próximo como a si mesmo serão sempre o marco decisivo da santidade.

Viemos conhecendo através destas poucas páginas algumas facetas que revelam até à saciedade como esta caridade foi praticada por Edwiges. Dela se poderia dizer também que "passou fazendo o bem" sobre a terra e continua fazendo-o na eternidade.

Ela foi glorificada por Deus pelos dons extraordinários recebidos em vida. Foi glorificada na hora de sua morte e depois de morta Deus exaltou-a com dons extraordinários.

Se foi amada em vida pelo seu povo, esse amor parece que cresceu ainda mais depois de sua passagem aqui por esta terra.

Diante de tantos testemunhos, de tantos fatos, a Igreja começou um processo para examinar tais fatos, a vida, as virtudes, a santidade da duquesa da Silésia e da Polônia.

Foi instituída uma primeira comissão para reunir os depoimentos. Era a gente simples do povo que testemunhava as virtudes de Edwiges. E eram os nobres, as religiosas, os religiosos. A hierarquia não duvidava que Edwiges fora realmente uma alma santa.

A Santa Sé organizou a primeira comissão para dar início ao processo. Para chefiar tal comissão foram designados dom Valmiro, bispo de Wlatislávia e Frei Simão, Provincial dos padres dominicanos. Tinham a incumbência de investigar profundamente a vida e os milagres realizados por sua intercessão. A comissão começou a funcionar em novembro de 1262 e funcionou no mosteiro de Trebnitz.

Foram ouvidas inúmeras testemunhas sob o juramento de dizerem só a verdade. Mas os dois não conseguiram ouvir todos os testemunhos por causa das distâncias, nas quais se encontravam as testemunhas, e também por causa do seu próprio estado de saúde.

Mandaram seus relatórios à Santa Sé, explicando os motivos por que não tomaram outros depoimentos.

Foi então nomeada pelo Sumo Pontífice uma segunda comissão. Reuniu-se ela pela primeira vez no dia 15 de março de 1263 no mesmo mosteiro de Trebnitz. Houve uma terceira reunião no dia 6 de abril de 1264 e a quarta, no mesmo ano, no convento dos padres dominicanos.

Como chegassem muitos pedidos à Santa Sé propondo a canonização de Edwiges, o Papa Urbano IV encarregou o Arquidiácono Salomão de Cracóvia e Herengeberto, Decano de Nissagrade, e muitos outros ilustres personagens para que examinassem todos os documentos referentes à vida e aos milagres de Edwiges. Foi um tanto demorado esse processo e Urbano IV faleceu.

DECLARAMOS EDWIGES SANTA...

Ocupou o trono de São Pedro, sucedendo a Urbano IV, o Papa Clemente IV. Ele já estava a par da vida de Edwiges. Mas exigiu mais um milagre para que fosse confirmada através de fatos a extraordinária santidade da nobre duquesa. E Deus não se fez esperar para satisfazer o desejo do Pontífice.

Clemente IV fora soldado e legitimamente casado. Ficando viúvo, abraçou o estado sacerdotal. Mais tarde foi eleito Papa. De seu casamento tivera uma filha que era cega de nascença.

Como exigisse mais um milagre para canonização, ele mesmo pediu uma graça para Edwiges. Que ela curasse sua filha cega. Durante a celebração de uma missa pediu fervorosamente a graça.

Deus dignou-se ouvir logo seu pedido. A moça recuperou logo a visão. O Papa viu assim claramente a vontade de Deus que queria que sua filha Edwiges fosse invocada como santa não só pelo povo, mas oficialmente também pela Igreja.

A Cúria Romana estava nesse tempo instalada em Viterbo. A vida e os milagres de Edwiges foram lidos perante toda a corte pontifícia. E no dia 15 de outubro de 1267, durante uma Missa

Solene, celebrada com todas as pompas da liturgia católica, o Sumo Pontífice, usando sua autoridade de Sucessor de Pedro, pronunciou um sermão no fim do qual declarou solenemente: "Por nossa autoridade declaramos que Edwiges é santa e será inscrita no Catálogo dos Santos. O dia 15 de outubro será o dia de sua festa".

Desse momento em diante, em todo o mundo católico, a nobre duquesa da Silésia e da Polônia seria aclamada santa. Santa Edwiges. Mas, como mais tarde fora canonizada uma grande santa da Igreja chamada Teresa D'Ávila, que tinha morrido justamente no dia 15 de outubro de 1515, esta ocupou o lugar de Edwiges que teve sua festa transferida para o dia 16 de outubro.

27 |E HOJE?

Mais de setecentos anos são passados desde que Santa Edwiges fez sua peregrinação nesta terra. E sua memória está viva na devoção de tanta gente. Aqui no Brasil há uma devoção grande por ela.

Aquela que em vida foi mãe carinhosa para com seus súditos pobres, enfermos, endividados, numa palavra pelos deserdados da fortuna ou em apuros em sua vida, não se esqueceu dos seus irmãos aqui neste mundo. Agora é sua proteção, sua intercessão junto de Deus que lhes valem.

No dia 18 de fevereiro de 1982 apareceu no jornal "O Estado de São Paulo" um artigo da jornalista Efigênia Menna Barreto, com o título: "Com a crise, aumenta o culto a Santa Edwiges". Realmente, nosso país passa há vários anos por uma tremenda crise. E por isso temos o número tão grande de endividados, de gente sem emprego, de pobres que em suas angústias apelam para a bondade da Santa.

Transcrevemos aqui o interessante artigo do jornal *O Estado de São Paulo*:

"A marcha dos endividados começa sempre de manhã dos dias 16 de cada mês, pela Estrada das Lágrimas, em direção a uma igreja azul. Ali, a imagem da padroeira dessa gente, Santa Edwiges, é cercada pela multidão de muitos pobres e também de alguns ricos, todos em busca de uma 'solução mágica' – talvez a última – para as contas que não conseguem pagar.

Na terça-feira, o cortejo silencioso se repetiu. Homens e mulheres chegando de todas as partes da cidade, do Morumbi ao Sacomã, oferecendo sua devoção em troca de uma ajuda concreta para esses tempos de crise. Compraram muitas flores, imagens da santa e 'copos de água benta', fizeram o Sinal da Cruz piedosamente e começaram a se apertar dentro da igreja, num lugar mais perto possível do altar. Nem mesmo o calor de quase 40 graus, no interior da pequena construção, incomodou os fiéis durante a missa que durou uma hora. Diversas pessoas assim se expressaram:

– Venho pedir para os negócios que meu marido está fazendo andarem bem. Já faz tempo que ele investiu muito dinheiro em propriedades e até agora não vimos resultado.

A mulher bem vestida está preocupada por causa disso. Deixou sua loja de decoração no Itaim Bibi, logo depois do almoço, e se ajuntou a umas 1.500 pessoas que chegaram à igreja de Santa Edwiges para a missa das 15 horas. 'Tenho certeza de que ela vai nos ajudar', repete compenetrada. Ao seu lado um homem de 57 anos faz um sinal afirmativo com a cabeça. É técnico em aparelhos de Raios X, mora no Sacomã e todos os meses vai à igreja no dia da santa para agradecer uma ajuda já recebida. 'Há uns quatro anos – ele conta – tinha uma dívida de 220 mil que não conseguia pagar de jeito nenhum. Depois de rezar muito, pude pagar tudo'.

Uma jovem, aparentando 25 anos, cabelos presos em rabo de cavalo, de jeans, assiste à missa ajoelhada, segurando uma vela quase de sua altura. Dá a impressão de ter ido à igreja pagar promessa, mas está tão recolhida em suas orações (olhar fixo no altar), que afasta qualquer possibilidade de contato com outras pessoas. Um casal se aproxima, olha para ela e não faz comentários: ele é industrial, trabalha com rosqueadeiras automáticas para micromecânica, e sua mulher é devota de Santa Edwiges desde a adolescência.

'Apesar de toda essa crise financeira, a indústria de meu marido está muito bem, e sabemos que isso acontece por causa da santa', diz a mulher, olhando para ele que concorda.

Dentro da igreja o Padre Segundo Piotti lembra algumas passagens marcantes da história da Santa. 'Era o exemplo de uma boa mãe e esposa, apesar de ter se casado muito jovem, aos doze anos de idade. Lembrem-se dela quando estiverem aflitos. Culta e muito rica, a menina Edwiges levou 30.000 marcos de dote ao se casar com Henrique, no castelo de Adechs, no território polonês, em 1186. Mas conseguiu que esse dinheiro fosse distribuído aos pobres. Preocupada em visitar enfermos e prisioneiros, logo descobriu que muitos homens de boa índole sofriam nas masmorras por causa das dívidas que não pagaram por falta de dinheiro ou emprego. Pressionou o marido para os ajudar, empregou muitos trabalhadores e passou a ser considerada em todo o mundo 'a padroeira dos endividados'.

– Já recebi uma graça muito grande, diz Ame, mulher de um aposentado pela Estrada de Ferro Santos-Jundiaí: 'Minha filha, continua a mulher, conseguiu há uns 15 dias um empréstimo de mais de um milhão de cruzeiros do Ipesp e agora vai terminar de construir sua casa'. A filha, professora do Estado, não tem tempo de ir à igreja e por isso pede à mãe que agradeça à santa em seu nome.

– Faço questão de vir pessoalmente, afirma a advogada D. R. M. de 40 anos, mulher de um dentista. Há poucos meses, a família estava em grandes dificuldades financeiras, o marido vendeu um Opala em troca do consórcio de um Corcel e precisava que seu nome fosse sorteado para vender também o carro novo e pagar as contas. 'Ele comentou isso comigo no dia de Santa Edwiges – lembra a mulher – e falei-lhe para irmos juntos à novena. Saindo da igreja ele foi ao consórcio, e não é que seu nome saiu sorteado? Pagamos as dívidas e até ajudamos uma empregada nossa muito pobre em agradecimento'.

Uma moça chega ao altar de joelhos, trazendo a vela quase de sua altura. Apesar de seu cansaço está sorridente ao terminar de pagar sua promessa. 'Meu marido conseguiu passar num concurso para investigador de polícia e vai receber um bom salário'.

Um administrador de empresas, ao contrário, está revoltado. Chegou de mais uma audiência no Fórum, onde responde acusação de furto: 'O sujeito que me roubou acabou virando a história e agora ele que é a vítima. Um absurdo tão grande que nem santo ajuda...' Sua mulher interrompe a frase com um cutucão: 'Não fala assim que Deus castiga'. O homem insiste e diz que até Santa Edwiges fechou os olhos. Mas termina sua história afirmando: 'Mesmo assim, tenho fé'".

Embora a reportagem seja um tanto facciosa e até com muitas incorreções, serve para demostrar que no Brasil também há uma devoção à Santa Edwiges.

Terminamos esta biografia da santa com uma prece:

ORAÇÃO A SANTA EDWIGES

Protetora dos pobres e endividados

A Vós, Santa Edwiges, que fostes na terra o amparo dos pobres e desvalidos e socorro dos endividados, no céu onde gozais o eterno prêmio da caridade que praticastes, confiante vo-lo peço: sede a minha advogada para que eu obtenha a graça de Deus que necessito, e por fim a graça suprema da salvação eterna. Assim seja! Amém.

Santa Edwiges, rogai por nós, pelos nossos irmãos prisioneiros e por todos os que passam dificuldades financeiras. Amém.

E esta oração tirada do Missal:

Nós vos pedimos, ó Deus onipotente, que a intercessão de Santa Edwiges nos obtenha a graça de imitar o que nela admiramos, pois a humildade de sua vida serve de exemplo para todos nós. Por nosso Senhor Jesus Cristo que convosco vive e reina por todos os séculos. Amém!

| Índice

| Apresentando _____ 5

| Prefaciando _____ 7

1 | Nasce uma duquesa _____ 9

2 | Infância de Edwiges _____ 15

3 | Edwiges casa-se _____ 18

4 | Um novo lar _____ 20

5 | "Anuncio uma grande alegria" _____ 25

6 | Mãe _____ 27

7 | Vida matrimonial _____ 29

8 | Dificuldades _____ 33

9 | Viúva _____ 35

10 | Vida no Convento _____ 38

11 | Fundação de mosteiros _____ 39

12 | Era humilde, muito humilde _____ 44

13 | Paciência _____ 51

14 | Austeridade de vida _____ 55

15 | Vida de oração e devoção ____ ____ 68

16 | Uma vida de amor _____ 82

17 | "Ele fez em mim maravilhas..." _____ 101

18 | Pede o último sacramento _____ 117

19 | Uma briga por causa da sepultura _____ 120

20 | Últimos momentos_____ 122

21 | É confortada pelos santos_____ 123

22 | Agora... A eternidade _____ 125

23 | Preparação dos funerais _____ 127

24 | Aconteceram certos fatos _____ 129

25 | A memória do justo será eterna _____ 131

26 | A Igreja glorifica Edwiges_____ 145

27 | E hoje? _____ 150